PROLOGUE

『ENGLISH JOURNAL BOOK1』発刊に寄せて
『ENGLISH JOURNAL』創刊者、平本照麿氏（TH）との対話

EJ 休刊宣言から半年、月刊誌『ENGLISH JOURNAL』（以下『EJ』）は、『ENGLISH JOURNAL BOOK1』（以下『EJB1』）という書籍の形で戻ってきました。

TH 『EJ』は「声の雑誌」として1971年に産声を上げ、2023年1月号で一旦休止符を打ちましたけれど、今を生きる私たちに必要な、世界からのメッセージ＝生の英語を学べるような存在はつねに必要だと思っています。

EJ 今回『EJB1』発刊に当たってバックナンバーを繰ってみました。『EJ』刊行当初から環境汚染や核、資本主義の限界、差別といった問題は存在し、学者や作家、そして、アーティストたちはずっとそれに抗ってきました。半世紀たっても何も変わっていません。

TH 多少の進展はあるにせよ、ね。だからこそ、世界をさまざまな角度から見つめてきた人々の声＝英語に耳を傾けてほしいと願います。

EJ インターネットの普及で、TEDや世界のメディアが発信する英語が増えたのは、学習者としてはありがたい。その一方で、膨大な情報から選ぶのが難しくもなっています。

TH そんな今こそ、聴くべき「声＝英語」を集めて選んで、そして、整理したキュレーションが重要になるのです。「ことば」が何よりも大切な時代ですから。

EJ 雑誌とカセットテープ、CD、音声ダウンロード、と時代やニーズの変化に合わせ、姿を変えてきた『EJ』。今度は不定期となりますが、『EJ』のバックナンバーからのインタビュー再録に加え、録り下ろしの世界からのメッセージ＝英語を届けてまいります。それでは、「声の雑誌」リターンズ、『ENGLISH JOURNAL BOOK』をどうぞ。

EJ ※『ENGLISH JOURNAL BOOK1』のロゴです。

CONTENTS

🔊 このマーク表示があるコーナーは音声が収録されており、数字はトラック番号を示します。
音声の聴き方は p. 7 をご確認ください。

写真：ロイター／アフロ（p. 2上）、山本高裕（p. 2中央）、M. Scott Brauer/Redux/ アフロ（p. 2下）、
アンデシュ・ハンセン（p. 3上）、Shutterstock/ アフロ（p. 3中央）、ZUMA Press/ アフロ（p. 3下）

HOW TO USE 本書の使い方

『ENGLISH JOURNAL BOOK 1』（以下『EJB 1』）なら、歴史や文化、経済やテクノロジーなど、興味深いテーマのインタビューやニュースで以下のような学びが得られます。

❶ 本物のリスニング力が身に付く！

政治・経済・テクノロジー・エンタメなど、「あらゆるジャンル」の「世界の英語」を聴くことで、多様性の時代に対応するリスニング力を養えます。

❷ スピーキング力を強化できる！

「シャドーイング」という、リスニング力強化と同時に発信力を鍛えるエクササイズも用意。実践的なスピーキング力を伸ばすことが可能です。

❸ 多様な英語素材とトレーニング法、学習記事で学びがつづく！

さまざまなジャンルのインタビューと世界のニュースに、最適な学習法を組み合わせました。読み物も活用して、知的好奇心を満たしながら学びつづけられます。

HOW TO USE 1 | 英語インタビューを EJB流BEFORE/AFTERで攻略する

本書には、EJB用に録り下ろしたSPECIAL INTERVIEWと、『EJ』アーカイブからの再録であるINTERVIEW PLAYBACKを収録しています。英語のインタビューは背景知識があれば理解が高まります。また、重要なポイントを聞き漏らさないコツを身に付ければ、聞き取りもラクになっていきます。聞く前（BEFORE）と後（AFTER）に組み込んだトレーニング方法で、インタビュー・リスニングの方法をモノにしましょう。

❶ BEFORE LISTENING

INFORMATION インタビュイーの話し方の特徴などの「音声の特徴」をつかみます。

CONTEXT「インタビューの背景」で、時代背景など、取材に至った理由を知ることで、内容に共感しやすくなります。

KEY WORDS「理解のためのキーワード」を押さえておくと、インタビューの理解度が格段に増します。

2 NOW LISTEN!

■の情報を踏まえて、英語のインタビューを聞きます。適宜■に戻るなどして、理解できるまで、何度もインタビューを繰り返し聞きます。

3 AFTER LISTENING

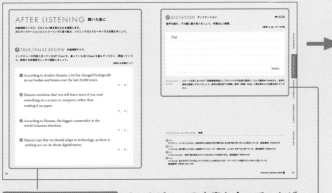

TRUE/FALSE REVIEW インタビューの内容と合っていればT (True)、違っていればF (False) を選ぶ「内容理解クイズ」で理解度を確認します。

DICTATION 「ディクテーション」とは、英文音声を聞いて書き取ること。以下の手順で取り組みます。

❶DICTATION GUIDEを参考にして、音声を止めたり戻したりしながら書き取る（アプリ「ALCO」推奨→p. 7）。聞き取れない部分は、文脈から推測したり文法知識を活用したり、綴りが分からない場合はカタカナで書いておいたりする。

❷繰り返し聞いて、納得がいくまで書き取り終えたら、英文と照らし合わせる。間違えた部分は訳を確認して意味を理解する。

❸英文を見ながら再度音声を聞く。

SHADOWING 「シャドーイング」とは、聞こえた英文に少し遅れて声に出すこと。以下の手順で取り組みます。

❶SHADOWING GUIDEを読みます。音声から少し遅れて声に出す。初めは英文を見ながらでもかまわない。

❷今度は英文の意味を考えながら音声を聞いて声に出す。

❸英文を見ないで言えるようになるまで練習する。

HOW TO USE **2** | 英語ニュースを EJB流3ステップ＋αで聞く

本書にはインタビュー以外に、「SPOTLIGHT NEWS」というVOAニュースを扱うコーナーがあります。『EJB 1』では、『EJ』を副教材としていた通信講座「1000時間ヒアリングマラソン」の「ニュースの超整理術」に掲載された7本に新たに3本のVOAニュースを加えて、「2022年を振り返る10大ニュース」をお届けします。

政治や経済、文化やスポーツなどのニュースは、固有名詞についての知識の有無によって理解に大きな差が出ます。また、本書で取り上げるニュースの長さは1分程度なので、後述するリピーティングのトレーニングにもってこいです。EJB流3ステップ＋αでスピーキング力も鍛えていきましょう。

STEP 1 キーワードを チェックしながら聞く

ニュースを聞いて、一覧にある固有名詞が聞き取れたらチェックします。これらの語句が内容理解の流れを止めないよう、最初にしっかりインプットしておきます。

STEP 2 意味を確認する

音声を聞いてから訳を見て、誤って理解している部分がないか確認します。理解があいまいな部分は、文字ではなく英語の音声に戻って、音から理解するようにしましょう。

STEP 3 意味のまとまりごとに リピーティングする

ポーズ入り音声を聞いて、聞いたままに声に出す「リピーティング」の練習をします。以下の手順で取り組みます。

❶ 初めは英文を見ながら、音声を聞き、ポーズのところで声に出して繰り返す。

❷ 慣れてきたら英文を見ないで行う。

EXTRA STEP オーバーラッピングと シャドーイングでさらなる高みへ

余力があれば、以下の手順を参考に、さらに英語力をパワーアップする「オーバーラッピング」と「シャドーイング」(p.5参照)にも挑戦してみましょう。

OVERWRAPPING「オーバーラッピング」とは、音声にぴったり合わせて音読すること。内容を理解した英文を見ながら、音声にぴったり合わせて声に出します。発音やイントネーションもまね、自分が話者になったつもりで声に出しましょう。

それでは、EJBの音声をダウンロードしましょう(無料)

本書のインタビューやニュースなどの学習音声は、スマートフォンやパソコンに無料でダウンロードできます。

スマホの場合 音声再生アプリ
「ALCO for ダウンロードセンター」【無料】

アルクが無料提供する語学学習用アプリで、Android、iOS に対応しています。再生スピードの変更や、数秒の巻き戻し・早送りなど、便利な機能を活用して、英語力のアップに役立ててください。

このアイコンを探せ!

STEP 1

ALCOをインストール
(※ALCOをインストール済みの方はSTEP2へ)

https://www.alc.co.jp/alco/

STEP 2

ALCOを立ち上げます。ホーム画面下の「ダウンロード」をタップし、書籍名または商品コード[7023018]でコンテンツを検索します。

STEP 3

検索後、ダウンロード用ボタンをクリックし、パスワード[EJB10417]を入力します。

ALCOならこんなことが!

① 音声の再生速度変更
(0.5〜2.5倍速の8段階)

② 指定秒数での早送り・巻き戻し(2〜30秒の5段階)

③ リピート再生(AB間、トラック、ランダム等)

リスニングに便利な機能がまだまだあります!

PCの場合

以下のURLから本書の商品コード[7023018]で検索してください。

アルクのダウンロードセンター

https://www.alc.co.jp/alco/

※サービスの内容は、予告なく変更する場合がございます。
あらかじめご了承ください。

Bob Marley

Steven Spielberg

Julia Roberts

SPECIAL

EJ半世紀のアーカイブから選ぶ

時代を彩る50人

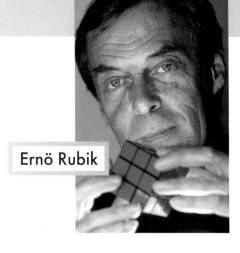

Ernö Rubik

Michael Jackson

Lady Gaga

Steve Jobs

FEATURE

Leonardo DiCaprio

David Beckham

Greta Thunberg

1971年に創刊した『ENGLISH JOURNAL』は、政治家、名優、文化人、大物アーティストまで、半世紀に渡り1000人以上の著名人のインタビューを掲載してきました。その中から、各時代を象徴する50人を紹介します。時代の空気を感じながら、時を超えてなお色褪せない言葉の数々をぜひ味わってみてください。

構成・文：市川順子

写真: Paul Oliver/Camera Press/ アフロ（ガガ）、Album/ アフロ（ディカプリオ）、ロイター / アフロ（ジョブズ、ベッカム、トゥンベリ）

EJと世界が歩んだ半世紀

EJが生の英語を届け続けて半世紀。1971年の創刊から話題の人々のインタビューを掲載し続けてきました。ここではEJが歩んだ1970年代〜1990年代を、国内外の出来事と共に紹介します。

1971年3月号
ENGLISH JOURNAL が「声の月刊誌」としてカセットテープで創刊

※1 イスラエルの超能力者ユリ・ゲラーが念力でスプーンを曲げる番組が放送され「スプーン曲げ」が流行。

『スター・ウォーズ』（1978）を手掛けたSFXの巨匠リチャード・エドランド（⇒p. 13）

1971（昭和46年）	マクドナルド1号店オープン
1972（昭和47年）	札幌五輪　沖縄返還　日中国交正常化
1973（昭和48年）	第一次オイルショック　円が変動相場制へ移行
1974（昭和49年）	スプーン曲げ超能力ブーム※1
1975（昭和50年）	ベトナム戦争終結
1976（昭和51年）	スピルバーグ監督『ジョーズ』大ヒット
1977（昭和52年）	クイーン「We Will Rock You」大ヒット※2
1978（昭和53年）	成田空港開港
1979（昭和54年）	SONYウォークマン発売
1980（昭和55年）	ルービック・キューブ日本発売
1981（昭和56年）	米スペースシャトル初打ち上げ
1982（昭和57年）	500円硬貨発行
1983（昭和58年）	東京ディズニーランド開園
1984（昭和59年）	グリコ・森永事件　エリマキトカゲブーム
1985（昭和60年）	プラザ合意で円高加速

1979年9月号
［インタビュー］
モハメド・アリ（元プロボクサー）
ボブ・マーリー（ミュージシャン）（⇒ pp. 12-13）

ジョン・レノン（⇒ p. 12）「イマジン」発表（1971）

ボブ・マーリー（⇒ p. 12）、「No Woman, No Cry」（1974）で一躍人気に。

※2 70年代ロック全盛期。クイーンのほか、レッド・ツェッペリン、ディープパープルなど数多くのロックグループがヒットチャートを賑わした。

1980年3月号
［インタビュー］
スティーブン・スピルバーグ（映画監督）（⇒ p. 15）

1987年5月号
［インタビュー］
エルノー・ルービック（ルービックキューブ発明者）
（⇒ p. 15）

1988年6月号
［インタビュー］
キース・ヘリング（ポップ・アーティスト）（⇒ p. 17）

マイケル・クライトン
（⇒ p. 20）原作『ジュラシック・パーク』公開（1993）

1986（昭和61年）	チェルノブイリ原発事故　日米貿易摩擦　バブル景気
1987（昭和62年）	マイケル・ジャクソン来日
1988（昭和63年）	ペレストロイカ※3
1989（昭和64年／平成元年）	消費税3%　天安門事件　ベルリンの壁崩壊　冷戦終結
1990（平成2年）	イラク、クウェート侵攻
1991（平成3年）	バブル崩壊　湾岸戦争
1992（平成4年）	米ドラマ「ツイン・ピークス」人気
1993（平成5年）	EU（欧州連合）誕生
1994（平成6年）	南ア・マンデラ大統領就任
1995（平成7年）	阪神・淡路大震災　地下鉄サリン事件　ウィンドウズ95発売
1996（平成8年）	クローン羊ドリー誕生
1997（平成9年）	香港返還　ダイアナ妃事故死　消費税5%
1998（平成10年）	長野五輪
1999（平成11年）	『ハリー・ポッターと賢者の石』日本発売

マイケル・ジャクソン
（⇒ p. 14）、「バッド・ワールド・ツアー」で来日公演（1987）

※3 ロシア語で「立て直し」を意味する旧ソ連のゴルバチョフが進めた改革の総称。1988年の流行語にもなった。

1993年10月号
［インタビュー］
ビル・ゲイツ（マイクロソフト創業者）（⇒ p. 19）

1998年5月号
［インタビュー］
レオナルド・ディカプリオ（俳優）＆ジェームズ・キャメロン（映画監督）（p. 20）

1970年代

60年代後半から70年代前半にかけてベトナム反戦運動やウーマン・リブと呼ばれる女性解放運動などが活発だった時代。日本では円が変動相場制へ移行、成田空港開港の後押しで渡航者が増加し、海外への門戸を開きました。

※掲載時の表記とは異なる場合があります。

人生哲学を歌にのせるレゲエの先駆者

Bob Marley
ボブ・マーリー（ミュージシャン）

The music, it is a music that can make you happy, you know. It can make you happy in a rebellious way, you know what I mean?

音楽は、みんなをハッピーにするものなんだ。反抗的なやり方でみんなをハッピーにするっていうことだ。わかるだろう？（1979年9月号）

反戦と女性解放の時代に流れる「イマジン」

John Lennon & Yoko Ono
ジョン・レノン&オノ・ヨーコ（ミュージシャン）

（1980年放送のBBCラジオのインタビューで制作当時を振り返り）

Actually, that should be credited as a Lennon-Ono song, but those days, I was a bit more selfish, bit more macho, and I sort of omitted to mention her contribution.
—Well, that's before ※"Woman Is the Nigger of the world," I suppose.

（レノン）本当は、あれ（「イマジン」）は、レノン&オノの歌と表記しなきゃいけないんだ。でもあの頃、僕は今より少し自分勝手で、少し男らしさを誇示していたから、彼女の貢献に触れることを省いちゃったんです。
—（ヨーコ）まあ、あれは「女は世界の奴隷か！」の前だものね。
（2015年4月号）

※女性解放やフェミニズムをテーマにしたレノンの歌（1972）。

写真: Mary Evans Picture Library/ アフロ（マーリー）、AP/ アフロ（レノン&ヨーコ）、GRANGER.COM/ アフロ（アリ）、Shutterstock/ アフロ（エドランド）、Tony Wheeler（ウィラー）

波乱万丈の伝説のプロボクサー

Muhammad Ali
モハメド・アリ（元プロボクサー）

The heart is the center of the person, around which his personality revolves. People love the word "heart."

心はその人の中心で、その人の性格は心のまわりを回っているんだ。みんな「心」ということばが好きだよ。（1979年9月号）

『スター・ウォーズ』を手掛けた特殊効果のパイオニア

Richard Edlund
リチャード・エドランド（SFX監督）

All the special effects movies that we see now stem from that movie *Star Wars*. Because that was what basically—we unearthed all of this technology.

今日、目にするSFX映画はみんなあの『スター・ウォーズ』を源として出てきたものです。あの映画でこうした技術のすべてを発掘したのですから。（1990年12月号）

海外バックパッカーのバイブル生みの親

Tony Wheeler
トニー・ウィラー（「ロンリープラネット」※創始者）

There are a lot more countries than Japan where shoes come off. It's nice to see that these things are not just in one country.

靴を脱ぐ国は日本以外にもたくさんあります。こうしたことが一国だけのことにとどまらないと知るのはいいことです。（2006年5月号）

※1973年に自費出版から始まった旅行ガイドブック

1980年代

洋楽ポップスやハリウッド大作が全盛の時代。日本はバブル景気を迎えました。80年代末にベルリンの壁が崩壊して冷戦は終結し、一つの時代が終わりました。

世界を熱狂させたキング・オブ・ポップス

Michael Jackson
マイケル・ジャクソン（ミュージシャン）

When I was just real little, I used to watch Sammy Davis, Fred Astaire and James Brown, and just (go) dancin' about the house. So, I don't remember not dancing.

まだほんの幼いころ、私はいつもサミー・デイビス・Jr、フレッド・アステア、そしてジェームズ・ブラウンを（テレビなどで）見ていて、とにかく家中で踊っていたんです。だから、ダンスしていない時なんて覚えていません。（2010年8月号）

『エイリアン』で注目の元祖闘うヒロイン

映画『エイリアン』（1979）

Sigourney Weaver
シガニー・ウィーバー（俳優）

（映画『エイリアン』のオーディションで監督に台本の感想を聞かれて）
I went, "Well, you know, I didn't like this scene . . ." And, "I thought the structure of that could be different . . ." I remember the casting person was like, like that, you know, "Don't blow it."

私は言いました。「そうね、ええと、このシーンは気に入らなかったし、あの構成は違ってもいいんじゃないかと思ったわ」って。そうしたら配役担当者がこんな顔（しかめっ面）をして、「（チャンスを）台無しにするな」という感じだったのを覚えています。（2001年7月号）

感動とイマジネーションを届け続ける巨匠

Steven Spielberg
スティーブン・スピルバーグ（映画監督）

I find film to be the most collaborative of all the art forms because it combines literature, the best of literature and the best of paintings, art, composition.

あらゆる芸術形態の中で、映画ほど統合されたものはないと思うのです。なんといっても、映画というのは、文学や絵画、芸術や音楽の枠が集まってできあがるものですから。（1980年3月号）

研ぎ澄まされた音楽性で幅広いファンを魅了

Sting
スティング（ミュージシャン）

Great music is as much about the space between the notes as it is about the notes themselves.

偉大なる音楽というのは、音そのものと同じくらいに、音と音の間の空白にあるものなのです。（1995年6月号）

ルービック・キューブ生みの親

Ernö Rubik
エルノー・ルービック（発明家、建築家）

（おもちゃの発明家でもあり建築家でもある氏にとって、自身は何であるか聞かれて）
I like to solve problems that are connected with material and human beings. Put together these two things, and for me, to design a building or a city or, once more, an object as a toy, it's very similar.

私は物質とか人間に関係のある問題を解いて、人と物質を結びつけるのが好きです。私にとっては建物や街を設計することと、おもちゃを考案することは、同じようなことなのです。（1987年5月号）

聴衆を惹きつけてやまないハードロックの魂

Jon Bon Jovi
ジョン・ボン・ジョヴィ（ミュージシャン）

I enjoy playing the biggest stadiums in the world. But it's not what fuels you. All that fuels you is being great every night.

世界最大級のスタジアムで演奏するのは楽しいですよ。でも、それが気持ちを燃え上がらせるわけではありません。気持ちを燃え上がらせるのは、毎晩いい演奏をすることです。(2021年5月号)

日本を愛し、日本語・英語・中国語を操る国際人

Agnes Chang
アグネス・チャン（歌手、エッセイスト）

Unless you love your own identity, it's very difficult to make people like you, and I think I like being what I am and they have accepted me as what I am.

自分というものを愛せない限り、人に好感を持ってもらうのはとても難しいことです。私はこのままの自分が好きだし、日本の人たちも私をありのままで受け入れてくれていると思います。(1984年5月号)

現代アメリカ文学の第一人者

Paul Auster
ポール・オースター（作家）

I'm always under the impression that the truth of the matter is always distorted in the newspapers, on television and even in novels themselves. That the strange and unexpected nature of reality is never really addressed.

これは僕がいつも感じることなんだが、新聞やテレビでは、さらには小説でも、物事の真相が歪められているんじゃないか。現実が持っている、不思議で、意外な本質に、本当に向き合ってはいないんじゃないか。(2003年4月号)

写真：Iconicpix/ アフロ（ボン・ジョヴィ）、ロイター/ アフロ（アグネス・チャン、ストリープ）、Agence Vu/ アフロ（オースター）、AP/ アフロ（ヘリング、モリスン）

徹底した役作りで知られる稀代の大女優

Meryl Streep
メリル・ストリープ（俳優）

Very quickly in the process, I don't think about voice being separate from the way you hold your head, or the way you sit, or the way you dress, or the way you put on lipstick. It's all a piece of a person, and it's all driven by conviction.

役作りを進めるとすぐに、声（の出し方）は、頭のもたげ方や座り方、装いや口紅の塗り方と、切り離して考えられなくなります。どれも一人の人間の一部であり、すべて信念によって突き動かされています。（2012年7月号）

ベルリンの壁を塗り替えたポップ・アーティスト

Keith Haring
キース・ヘリング（アーティスト）

The idea for me to paint the wall was not to make a beautiful picture on the wall; it was to make a statement about the wall and to, and to in a way even attempt at making the wall disappear for a moment, sort of.

壁に絵を描いたのは、壁の上に美しい絵を作り上げるのが目的ではなく、壁について主張し、しばらくの間だけでも壁を消そうと試みたのです。（1988年6月号）

ノーベル賞受賞の黒人文学の旗手

Toni Morrison
トニ・モリスン（作家）

（60年代に始まった女性解放運動で黒人女性も大きく変わったか聞かれて）
In some ways black women have not changed, because they were in a position, an oppressed position, where they had to work.

ある意味では、黒人の女の人は変わっていないと思う。というのは、もともと彼女たちは、働かなくてはならない、抑圧された立場にあったわけです。（1984年1月号）

1990年代

バブル崩壊と湾岸戦争で始まった90年代。インターネットの普及により、ビジネスやコミュニケーションの手法が大きく変化した時代でもあります。90年代末には携帯電話も普及し、ネットと携帯は生活の一部となりました。

『プリティ・ウーマン』で世界をとりこに

Julia Roberts
ジュリア・ロバーツ（俳優）

If I feel really happy and like I'm gonna throw up when I close the script, that's usually a good sign.

私が台本を閉じたときに、とても幸せで、吐きそうになるような気持ちであれば、それはたいていの場合、よい徴候です。（2000年4月号）

映画『プリティ・ウーマン』（1990）

ミャンマーの未来を信じる民主化指導者

Aung San Suu Kyi
アウンサンスーチー（政治家）

I think a lot of young people who grow up in a repressive society are unable to understand the true meaning of self-reliance because they know, they learn at a very early age, that their fate depends a lot on the whims and fancies of other people.

抑圧的な社会に育った多くの若者は、自分に頼る（人頼みにしない）ということの本当の意味を理解することができません。なぜなら、彼らはひじょうに若いときに、自分たちの運命が、一部の人々の気まぐれや好みに大きく依存していることを学んでしまうからです。（1996年10月号）

写真: Everett Collection/ アフロ（ロバーツ）、ロイター / アフロ（アウンサンスーチー、ゲイツ）、Album/ アフロ / 映画『デッドマン・ウォーキング』（1995）（プレジャン）、ENGLISH JOURNAL 編集部（ルービン）

ウィンドウズで世界を標準化

Bill Gates
ビル・ゲイツ（マイクロソフト創業者）

Standards have been key to growing the market because through standards we can get companies to cooperate together.

標準規格によって企業は力を合わせることができるのですから、標準規格こそ市場を成功させるカギとなっています。（1993年10月号）

死刑制度の議論を呼んだ『デッドマン・ウォーキング』原作者

Sister Helen Prejean
シスター・ヘレン・プレジャン（修道女、作家）

In the United States, overwhelmingly the death penalty is sought when white people are killed, because in the United States, white life has always been more highly prized than black life or people of color.

アメリカでは白人が殺されると、圧倒的に死刑を求められることが多いのですが、これはアメリカではつねに白人の生命は黒人や有色人種の生命より価値が高いと考えられているからです。（1998年12月号）

映画『デッドマン・ウォーキング』（1995）

芥川、漱石、村上春樹作品を手掛ける世界的翻訳家

Jay Rubin
ジェイ・ルービン（翻訳者）

（著者に合わせて文体も変えているのか聞かれて）
I'm not that much of a conscious thinker. I'm more of a kind of touchy-feely type of worker, uh, in translation.

私はそこまで意識的に考えはしません。どちらかというと感覚を大事にして作業をするタイプですね、翻訳に関しては。（2019年4月号）

悲劇に立ち向かう世紀の大作『タイタニック』

映画『タイタニック』(1997)

Leonardo DiCaprio
レオナルド・ディカプリオ（俳優）

The film to me is almost like a wrap-up of the century. And it has a lot to do with fate and, you know, how people treat each other. It has a lot of great themes for our century and for people to sort of look at.

この映画は僕にとって、ほとんど（今）世紀の総まとめのようなものです。そしてこれは宿命や、人が互いにどのように接するか、ということと大きくかかわっています。これには僕たちの世紀にとって、そして人々にとって、目を向けるべきたくさんの大きなテーマが含まれているのです。(1998年5月号)

『ジュラシック・パーク』を生んだＳＦの名手

Michael Crichton
マイケル・クライトン（作家）

I think a lot of times my task is to provide perspective which is missing or to take any given thing, issue, situation, and expose the other side. All the things that no one is talking about, because there's always another side.

私の仕事は多くの場合、見落としている視点を提供すること、あるいは、ある事柄や問題、状況を取り上げ、そのもうひとつの面をさらけ出すことだと思います。だれもそれについて話さないようなすべてのことを。というのも、物事には常に別の側面があるからです。
(1997年10月号)

ジェンダー研究の第一人者

Shere Hite
シェア・ハイト（性・ジェンダー研究家）

Women can be good friends in private. But when we try to go out into the world, in a political party or a business or a university, it's really difficult for us to stand with another woman.

女性同士は私的な場ではよい友人になり得ます。しかし、私たち女性が、政党や、ビジネスや大学といった世間に出て行こうとすると、女性がほかの女性を支援することは本当に難しいのです。(1999年12月号)

写真：Album/ アフロ / 映画『タイタニック』(1997)（ディカプリオ）、AP/ アフロ（クライトン、キーン）、REX/ アフロ（ハイト）、Ed Sirrs/Camera Press/アフロ（ギャラガー）

Oasisを伝説に押し上げたヒットメーカー

Noel Gallagher
ノエル・ギャラガー（ミュージシャン）

If nobody bought the records tomorrow, I still wouldn't stop writing songs. But I'd write songs just to play to my mates on an acoustic guitar, you know? It's kind of what I do.

もし明日になって誰も作品を買わなくなったとしても、それでも俺は曲を書くことをやめないだろう。友達に、アコースティック・ギターで歌って聞かせるための曲を書くだろうね。それが俺のやり方だ。（2009年12月号）

日本文学の奥深さを世界に伝える

Donald Keene
ドナルド・キーン（日本文学研究者）

（松尾芭蕉の作品で好きな一句を聞かれて）

I have a favorite poem, but it's not unusual. It's the *"Natsugusa ya tsuwamonodomo ga yume no ato."* That seems to me to be incredible, to concentrate so much meaning in just a bare 17 syllables.

好きな句はありますが、変わったものではありません。それは、「夏草や兵（つはもの）どもが夢の跡」です。たった17音の中に、これほど多くの意味を集約させているのは私には信じられません。（1997年4月号）

環境ホルモンの脅威を描きベストセラーに

ダイアン・ダマノスキ女史が著した『奪われし未来』（増補改訂版）。
翔泳社刊／1,400円＋税

Dianne Dumanoski
ダイアン・ダマノスキ（科学ジャーナリスト）

（ダマノスキ女史が行った講演で）

Everyone present in the room tonight carries at least 500 man-made chemicals in their bodies that were never present in the bodies of our great-grand parents in the early part of this century.

今夜、この部屋にいる人は皆、最低でも500種類の人工の化学物質を体内に抱えています。今世紀初頭の私たちの曾祖父母の世代の体内には決して存在しなかったものです。（1999年4月号）

EJと世界が歩んだ半世紀

2000年以降も各界の数多くの著名人がインタビューに登場しました。ここで、時代を象徴する人たちと共に、当時の出来事を振り返ってみましょう。

アヴリル・ラヴィーン
（⇒ p.24）のデビューアルバム
『Let Go』が大ヒット（2002）

2007年12月号
[インタビュー] ダニエル・
ラドクリフ（俳優）（⇒ p.27）

2009年4月号
[スピーチ] オバマ大統領就
任演説（⇒ p.26）

2000（平成12年）	露プーチン大統領就任
2001（平成13年）	9.11同時多発テロ
2002（平成14年）	ユーロ流通開始　FIFA日韓共同W杯
2003（平成15年）	イラク戦争
2004（平成16年）	「冬ソナ」韓流ブームの始まり
2005（平成17年）	クールビズ流行語に
2006（平成18年）	冥王星、太陽系惑星から降格
2007（平成19年）	iPhone発売
2008（平成20年）	リーマン・ショック
2009（平成21年）	米オバマ大統領就任
2010（平成22年）	米スペースシャトル「ディスカバリー号」打ち上げ
2011（平成23年）	東日本大震災
2012（平成24年）	東京スカイツリー開業
2013（平成25年）	イチロー日米通算4000本安打

90年代末〜2004年まで放送
されブームとなった『セック
ス・アンド・ザ・シティ』（サ
ラ・ジェシカ・パーカー
⇒ p.25）

元イングランド代表ベッカム
（⇒ p.24）のソフトモヒカン
が大流行（2002）

iPhone の登場でライフスタ
イルが一変（2007）（スティ
ーブ・ジョブズ⇒ p.25）

山崎直子さん（⇒ p.29）宇宙へ

2014年3月号
[インタビュー]
マララ・ユスフザイ※2（女性
人権活動家）（⇒ p. 30）
※2 母国パキスタンでタリバ
ンの女性教育弾圧に反対
し、2012年、15歳の時
に銃撃された。

2018年1月号
[インタビュー]
レディー・ガガ（ミュージシ
ャン）（⇒ p. 28）

2022年2月号
[インタビュー] エド・シー
ラン（ミュージシャン）
（⇒ p. 30）

2014（平成26年）	消費税８％　香港雨傘運動※1
2015（平成27年）	国連でSDGs（持続可能な開発目標）採択
2016（平成28年）	マイナンバー制度導入
2017（平成29年）	米トランプ大統領就任
2018（平成30年）	羽生結弦五輪２連覇
2019（平成31年／令和元年）	消費税10％　ラグビーW杯日本大会※3
2020（令和2年）	新型コロナウイルス拡大　英EUから離脱
2021（令和3年）	東京五輪　大谷翔平メジャーMVP
2022（令和4年）	露ウクライナ侵略　エリザベス女王死去
2023（令和5年）	

※1 中国中央政府に対する民
主化要求デモ。警察の催
涙スプレーに雨傘で対抗
したことに由来。

カズオ・イシグロ（⇒ p. 29）、
ノーベル賞受賞（2017）

※3 ラグビー日本代表のスロ
ーガン「ONE TEAM」
が流行語に。

環境活動家グレタ・トゥンベ
リ（⇒ p. 31）国連サミット
でスピーチ（2019）

エド・シーラン（⇒ p. 30）
のヒット曲「Shape Of You」
が Spotify で30億再生超え
（2021）

2000年代

NY同時多発テロを引き金に、時代はテロとの戦いに。iPhoneが登場し、SNSが普及し始めたのもこの頃。2000年代末にはリーマンショックに端を発した国際的な金融危機により、世界経済は深刻な景気後退に陥りました。

17歳でヒットチャートを席巻した等身大の歌姫

Avril Lavigne
アヴリル・ラヴィーン（ミュージシャン）

I didn't really know anything about the charts and how rare that was. But I think that was kind of the beauty of it while I was going through it.

チャートのことも、それがどれだけすごいことなのかも、ろくにわかっていなくて。でも、あの体験をしていたころは、それがある種の強みだったんだと思います。（2009年4月号）

挑戦を続けるサッカー界のスーパースター

David Beckham
デビッド・ベッカム（元サッカー選手）

When I was 12 years old, I had a coach turn round to me, and he said, "You will never play professional football because you're too small, you're too skinny." Twenty-five years on, I made 115 appearances for my country.

12歳のとき、コーチが私に向かって言いました。「君はプロのサッカー選手には絶対になれない。体が小さすぎるし、細すぎるからだ。」―それから25年の間に、私は国の代表として115試合に出場したのです。（2018年7月号）

創造力で世界を変えたゲームチェンジャー

Steve Jobs
スティーブ・ジョブズ(元アップル社CEO)

An iPod, a phone and an internet communicator — these are not three separate devices; this is one device, and we are calling it iPhone.

iPod、電話、インターネット通信端末。これらは３つの別々の機器ではありません。これは１つの機器なのです。そして、これをiPhoneと名付けることにします。(2011年4月号)

華やかなNYを舞台に女性の本音を描くドラマでブレイク

Sarah Jessica Parker
サラ・ジェシカ・パーカー(俳優)

(『セックス・アンド・ザ・シティ』で演じた主人公キャリーのような生活は想像できるか聞かれて)

My single life was not nearly as colorful as that, which is perhaps why, as a married person, I enjoy playing this part so much. And it's sort of like legalized illegal behavior.

私の独身時代はそうした華やかさからは程遠いものでしたが、だからこそ、既婚者である今、この役を演じることをすごく楽しんでいるんじゃないかしら。いわば、合法的な違法行為のようなものね。(2003年4月号)

米ドラマ『セックス・アンド・ザ・シティ』(1998-2004)

国際協力に人生を捧げたプロフェッショナル

Sadako Ogata
緒方貞子(元国連難民高等弁務官、元JICA理事長)

And the language question, I think, is still a very serious question, because in many Asian countries the English is no longer English now, it's an international means of communication.

言語の問題は、依然として大変深刻な問題だと思います。なぜなら、アジアの多くの国では、英語がもはや英語ではなく、国際的なコミュニケーション手段となっているからです。(2009年3月号)

音楽界で不動の地位を築いた圧倒的パフォーマンス

Beyoncé
ビヨンセ（ミュージシャン）

（売れっ子になりたての頃、母親に反抗的な態度を取っていたら）

She slapped me on my face, and said, "You better listen to me when I talk to you. Don't think you can do that now that you have a No. 1 single." And I was so embarrassed.

母は、私の顔をひっぱたいて、「私が話し掛けているときは、聞きなさい。シングルが1位になったからって、そんな態度を取って許されると思うんじゃないわよ」と言ったのです。それで、私はものすごく恥ずかしくなりました。（2006年7月号）

胸打つ演説で民衆の心を掴んだ黒人初の米大統領

Barack Obama
バラク・オバマ（第44代アメリカ大統領）

（2009年1月の就任演説で）

. . . because we have tasted the bitter swill of civil war and segregation and emerged from that dark chapter stronger and more united, we cannot help but believe that the old hatreds shall someday pass.

国を二分する内戦、人種差別といった苦い汁を私たちは飲み、その結果より強い、より大きな協調を有する国となって暗い歴史の一章から現れ出ました。だからこそ、かつての憎悪がいつの日か終わるものと私たちは信じてやみません。（2009年4月号）

独自の視点で社会を切るドキュメンタリー監督

Michael Moore
マイケル・ムーア（映画監督）

I'll say this: I'm of the belief that anyone who engages in the debate, whether they're liberal or conservative, I believe they're engaged because they love their country.

一つ言えることがあります。私は、議論に参加する人は皆、リベラル派であれ保守派であれ、自分の国を愛しているからこそ参加するのだと、そう信じています。（2005年4月号）

「ハリポタ」旋風を巻き起こし一躍スターに

Daniel Radcliffe
ダニエル・ラドクリフ（俳優）

（5作目映画『ハリー・ポッターと不死鳥の騎士団』の会見で作品のメッセージを聞かれて）

If you know something is the truth and you know that's right, then you can't let yourself be compromised by other people and outside forces.

真実だと確信することがあって、それが正しいとわかっているなら、他人や外からの力に自らを屈服させてはいけないのです。（2007年10月号）

映画『ハリー・ポッターと不死鳥の騎士団』(2007)

『ダ・ヴィンチ・コード』で科学と宗教の対立を描く

Dan Brown
ダン・ブラウン（作家）

（学生時代に多くの物理学や宇宙論を学んで）

I started to understand that the deeper you move into particle physics, the more it starts to look like religion all over again. And that the questions become spiritual, there aren't really answers.

そのうちわかったのが、素粒子物理学に深く入り込めば入り込むほど、振り出しに戻って宗教のようになってきて、問題点は霊的になり、実は答えは存在しない、ということでした。（2018年10月号）

医療崩壊、物資不足、命の危機に立ち向かう

Ellen 'T Hoen
エレン・トゥーン（国境なき医師団コンサルタント）

There's a huge — in the world, a huge access gap. And as a result, people are dying from diseases they should not be dying of.

世界には入手できるかできないかのとても大きな格差があります。そしてその結果、人々は死ぬはずのない病気で死んでいっているのです。（2000年12月号）

紛争地域で活動する医師団

2010年代〜

世界では、米中の覇権争い、イギリスのEU離脱、ロシアのウクライナ侵攻など、情勢は先行き不透明に。一方、巨大IT企業のサービスが生活に浸透し、AIやサブスクの普及でますます便利になった時代でもあります。

アーティストの枠を超えた時代のアイコン

Lady Gaga
レディー・ガガ（ミュージシャン）

I don't think it's healthy to look outside to other people for validation. I think it's much better to focus on the inside of you.

他人に認めてもらおうとして外側に目を向けるのは、健全ではないと思うのです。自分自身の内面に注目する方が、ずっといいと思います。
（2018年1月号）

原作ファンも唸らせる実力派俳優

Benedict Cumberbatch
ベネディクト・カンバーバッチ（俳優）

（アメコミ作品やホームズなど原作ファンの多いキャラクターを演じることについて）
You can't be inhibited with that. You respect it, but you have to bring yourself to the work, rather than everybody else's preconceived idea of what it should be.

そのことで気後れするわけにはいきません。敬意は払いますが、自分自身のやり方で作品に取り組まなければなりません。こうあるべきだというほかの人たちの先入観を持ち込むのではなく。（2020年5月号）

英ドラマ『SHERLOCK』（2010-2017）

写真：Paul Oliver/Camera Press/ アフロ（ガガ）、Everett Collection/ アフロ（カンバーバッチ）、AFP/ アフロ（シュルツ）、Eyevine/ アフロ（イシグロ）、AP/ アフロ（山崎直子）

一杯に心を込めるコーヒー体験の仕掛け人

Howard Schultz

ハワード・シュルツ（スターバックス創業者）

We are a coffee company, and that coffee experience is about multiple-sensory experiences, and it's about the romance and merchandising of coffee and its journey.

スターバックスはコーヒー店であり、そこでのコーヒー体験というのは、さまざまな感覚への刺激を伴う体験です。それはまた、コーヒーとそれがする旅のロマンスを、どう売り込むのかということなのです。（2013年4月号）

日本人と英国人の感性を併せ持つノーベル賞作家

Kazuo Ishiguro

カズオ・イシグロ（作家）

（出世作『日の名残り』主人公の執事を私たち自身になぞらえて）

Usually, each of us as individuals, we are focused on just our little work. We want to try and do that to the best of our ability. And we gain a sense of dignity and pride from being able to do just our little thing well.

個人としてはあくまで、めいめいひとつのささやかな仕事に専念し、精一杯きちんとやろうと努める。そのささやかな仕事をきちんとできるんだということから、尊厳、プライドといった思いを得るのです。（2002年4月号）

「ディスカバリー」で宇宙へ

Naoko Yamazaki

山崎直子（宇宙飛行士）

（地球に帰還した時はどんな感じだったか聞かれて）

I felt very heavy, and especially my head. You know, like, I had some stone on my head. And also, I was so happy to feel the nature and smells of the greens and trees when we landed on the runway. So it was a very happy experience.

すごく重く感じましたね。特に頭が。まるで、頭の上に石を載せているようでした。そして滑走路に降り立った時、自然を感じ、緑や木々のにおいを感じて、とてもうれしく思いました。非常に幸せな経験でしたね。（2011年2月号）

新時代を象徴するシンガーソングライター

Ed Sheeran
エド・シーラン（ミュージシャン）

I do think money is the root of all evil. I've never lost more friends in my life than I have done after being, like, finding money come into my life. You have all the friends in the world when you're broke. Weird.

お金は諸悪の根源だと本当に思います。自分の生活にお金が入ってくるようになってから、それまでなかったぐらいの数の友人を失いました。すっからかんでいれば世界中友達だらけなのに。おかしなことです。（2019年4月号）

世界に影響を与え続けるノーベル賞経済学者

Paul Krugman
ポール・クルーグマン（経済学者）

（少子高齢化が進む日本の経済成長を押し上げるためには移民受け入れが必要と話し）
You have a working-age population that's shrinking more than 1 percent a year. Are you prepared to accept immigrants at the rate of 1 percent of working-age population a year? That's a lot of people.

現在、日本は毎年1％を超える割合で労働人口が縮小していますが、毎年1％の割合で労働人口が増えるような数の移民を受け入れる用意はありますか？　それはものすごい人数です。（2019年6月号）

タリバンに屈せず女子教育の権利を訴える少女

Malala Yousafzai
マララ・ユスフザイ（女性人権活動家）

First of all, I need to be fully empowered. And to make myself empowered and to make myself powerful, I only need one thing — that is education.

何よりもまず、私は自分にしっかりと力を付けなければなりません。そして、力をつけるため、強くなるために必要なのは、ただ一つ——教育です。（2014年3月号）

「老化は治療できる」長寿研究の第一人者

David Sinclair
デビッド・シンクレア（ハーバード大学医学部教授）

We've found a backup copy of youthfulness in the cell. The information to the young is still in there, like a hard drive, and we can now reboot the cell and it can go back to reading the genes the right way when the cells were young.

私たちは、細胞の中に若々しさのバックアップコピーを見つけたのです。若さへの情報が、まるでハードディスクの中にあるかのように、ずっとそこにあって、細胞を再起動させると、細胞が若かったときの正しい方法で遺伝子情報を読み取ることができるようになるのです。（2020年5月号）

国連で温暖化対策を訴えた若き活動家

Greta Thunberg
グレタ・トゥンベリ（環境活動家）

People (are) always wanting to hand over gifts and congratulate (me), and I appreciate that. I do. But I don't really need that. What I need is a livable planet and action.

皆さんがいつもプレゼントを渡してお祝いしようとしてくれて、それには感謝しているのですが。本当に。でも、それは別に必要ないのです。必要なのは、住むことができる惑星と行動です。（2020年7月号）

聴く者に力を与えるソウルフルな歌声

Alicia Keys
アリシア・キーズ（ミュージシャン）

There's so many sides that make us up, who we are. And no way on planet Earth are we just one-sided, you know? We're diverse, we're unique, we're complex, we're interesting, we're complicated, and that's what we are.

私たちをそれぞれの人格へと作り上げている側面はとてもたくさんあります。一面しか持っていないなんてことは絶対にあり得ません。そうでしょ？ 私たちは多様で、それぞれ独特で、複雑で、面白くて、ややこしくて、それが私たちなのです。（2020年10月号）

国境なきニッポン人
JAPANESE WITH

取材・文：織田孝一　写真：山本高裕（編集部）

ピアニスト・音楽家

角野隼斗

旧来のクラシック音楽のピアニストのイメージを変えた新世代ピアニスト──。
角野隼斗さんは卓越した演奏で、クラシックを越え、ジャズやロック、
さらには、YouTubeで演奏を発信するなど、多方面で活躍し人々を魅了する。
2023年1月に幕を開けた全国ツアーの最中、
ボーダーレスな音楽観と英語とのかかわりについてお話をうかがった。

OUT BORDERS

第18回ショパン国際ピアノコンクール（2021年）で演奏する角野さん。
Chopin Institute の YouTube チャンネルでその雄姿を見ることができる。
©Wojciech Grzedzinski Darek Golik（NIFC）

境界を越え、世界を旅するピアニスト

早くからジャンルレスな才能を発揮

　川崎の音楽ホール「ミューザ川崎」のステージ上には2台のピアノが、向かい合うように置かれている。一台はグランドピアノ、もう一台はアップライトピアノだ。角野隼斗さんは、万雷の拍手を浴び、

二台の中央に進み出た。

　角野さんは曲によって二台のピアノを自在に使い分け、演奏する。それは彼が世界の境界を越えていることの象徴のようにも見える。演奏曲目もバッハ、ジャズの影響を受けた近代音楽、自作曲と多彩だ。それらがばらばらではなく、聴いているうちに一つ

の角野隼斗の世界として現れてくるのは、角野さんの類稀な表現力、技量があってのことだろう。

　一般的には角野さんはクラシックのピアニストとして認知されることが多い。しかしそうしたカテゴライズを意味のないものにするほど、その活動は広く、多彩だ。

　クラシックのピアニストとしては幼少時からの受賞は数知れない。ショパン国際ピアノコンクール in ASIA では、小学1・2年生部門、中学生部門、大学・一般部門でいずれも金賞を受賞、長じて日本国内の2018年のピティナ・ピアノコンペティションでは特級グランプリ、2021年のショパン国際ピアノコンクールではセミファイナリストに選出され、一躍世間にその名を知られるようになった。

　クラシック以外の音楽への興味も早くから旺盛だった。「ピアノのレッスンは続けていましたが、中高時代は、クラシックよりジャズやロックに気持ちが向かい、バンドでドラムを叩いたりしていました」と角野さん。ポピュラー音楽への関心は途絶えず、大学の音楽サークル仲間と結成したシティソウルグループ Penthouse でのピアノ/キーボード担当、NHK 紅白歌合戦における上白石萌音との共演、ゆずのアルバムへの参加、ブルーノート東京でのジャズ演奏、FUJI ROCK FESTIVAL '22 に出演と、こちらも八面六臂の活躍が続いた。

　もう一つ、角野さんが世間で大きく認知されたきっかけが YouTube である。その原点は高校時代、ゲームセンターの「音ゲー」(リズムゲーム)でのプレイ動画を上げたことだ。やがて「かてぃん(Cateen)」の名で、さまざまなピアノ演奏動画を発信すると人気を博し、チャンネル登録者数は既に100万人を超えた。

　しかも驚異的なのは、角野さんが音楽一本の生活をしてきたのではないことだ。母がピアノ教師なので幼少期からピアノを学んだという環境はあったが、開成中学・高校を経て、東京大学理科一類に進学し、大学院では機械学習による自動採譜などの研究に携わった。つまり音楽活動と受験勉強や研究を、どちらも極めて高いレベルで実現してきたのである。

自分にしかできないかたちで
クラシック音楽に貢献

　大学院卒業を前に将来を模索し、研究者になるか、音楽家になるか迷ったが、最終的には音楽家への道を選ぶ。その頃からどういう音楽家をめざすかについて考えるようになった。

　「僕の場合、実はクラシックへの関心、というかクラシックのピアノを弾きたい気持ちが強くなったのは大学生になってから。それまでジャズやロックのセッションも楽しんできたし、作曲、編曲も手がけてきた。しかしクラシックのピアニストでそういう人はほとんどいません。だからプロになる決意をしたとき、この独自性を大事にしたい、強めたいと考えました」。

　そこには、理工学を通じて鍛えられた論理思考も反映している。「学問の分野では過去の研究内容やどこまで解明されたのかなどを調べ、何を研究すれば、新しい可能性が開けるかを考える。そうした発想が身についていたから自然に、これまでのクラシック音楽の膨大な遺産の上に、自分にできることは何か、と考えました」。

　しかしクラシック音楽は、50年ほど前に主要レパートリーが定まり、演奏の録音も無数に存在しているという世界だ。「これ以上もうできることはないんじゃないか、といささか絶望的な気分になるくらいです。今後レパートリーを再現していても曲はどんどん古くなっていく。ならば自分が次の時代の

FUJI ROCK FESTIVAL '22で演奏する角野さん。ショパンコンクールからフジロックへと境界を越え、新たなオーディエンスを魅了した。© Ruriko Inagaki

クラシック音楽にどう貢献できるのか、できることは何か、と考えるようになりました。そのとき、クラシック以外の音楽の経験は一つの財産になると感じました」。

さまざまな師に触発されて開花した才能

　角野さんは紛れもなく天賦の才を持つが、同時にそれを育てる師にも恵まれた。

　3歳の角野さんに最初、ピアノの手ほどきをしてくれたのは母の美智子さんである。桐朋学園大学ピアノ科を卒業し、自宅でピアノ教室を開き、ピア

指導者としての受賞歴も数多い。「ピアノや音楽で遊ぶ感覚の基礎を作ってくれたのは母だと思います。聴音、移調、音楽理論なども、子供の頃、遊びながらしていた記憶があります」。

　美智子さんはインタビューなどでも、音楽に限らず子供が何かに夢中になること、子供がそうなれる対象を親が発見することの大切さを語っている。

　6歳からは、やはりピアノ指導者として多くのピアニストを輩出した金子勝子氏に師事した。

　「僕のテクニックの基礎はほとんど金子先生に教わったもの。例えば各指の独立、分離を大切にすることもそうです」。ピアノでは指の独立性が弱いと音の明瞭さが失われる。それはあたかも絵の具の色を混ぜ過ぎると彩度が落ちるのに似ている。「音の粒立ちが明確、つまり一音一音がくっきりと聞こえるのが美しさの基本。炊いたお米に例えれば、一粒一粒がしっかり立っていて、べちゃっとくっつかない状態ですね。それには指の独立性が欠かせません」。

　大学2年生の頃からの数年、ヨーロッパでの活躍が長かったピアニストの吉田友昭氏にも学んだ。「吉田先生から学んだことで印象的だったのは、いわゆるロシア奏法[1]で、腕だけでなく体全体で、重量を上から落下させるようにして、大きな深みのある音を出すやりかたです。先生から教わったトレーニングには片足を上げて体幹を鍛えるというものもありました」。

　角野さんは大学院1年生のとき、フランス国立音響音楽研究所（IRCAM）に半年ほど留学し、音楽情報理論の研究に携わった。そのとき師事したのが、ショパンなどロマン派の演奏を得意とするジャン＝マルク・ルイサダ氏だ。「ルイサダ先生からは同じ演奏家としての視点で学ぶことができました。自分のやりたい音楽のためにはこういう体の使い方が良い、と指摘してくれるんです。その表現はユニーク

でしたが、実際にやってみると納得できるのです」。ルイサダ氏は映画ファンで、よく映像に託して説明したという。「ショパンのバラードを、小津安二郎の映画『東京物語』の静かな画面にたとえて説明したりする。英語でのやりとりでしたが、先生は夢中になると、フランス語になってしまい、何を言っているのか類推するしかなくなるのが難点でしたね（笑）」。

異文化を知り、交流するおもしろさを知る

角野さんは幼い頃からピアノと数学が大好きで、受験も得意な理数系科目で乗り越えてきた、言わば「生粋の理数系」である。反対に国語や英語は苦手だった。それでも活躍の範囲が広がると、英語を使う機会は増えてくる。

パリの IRCAM に留学したときは英語でコミュニケーションしていたが、言語とは別に、東洋の隅から来た無名の学生という（日本人にありがちな）遠慮の意識もあって、積極的に人と知り合ったり、知らない場に行くことをしなかった。

「帰国してからそれを後悔しました。その反省から、その後、ショパン国際コンクール参加などで海外に出る機会が増えてからは、積極的にコミュニケーションを取るようにしました。そうなって初めて、異文化の人と話すのはおもしろいことなのだと気づきました。英語力も自分にとって大切なものになりました」。

英語を学ぶ方法はもっぱら動画視聴や直接会った人との会話を通じてである。音楽という世界共通用語を持っていることも強みになっている。「音楽によって、互いに理解しようという意識を持てます」。現在英語に加え、フランス語、韓国語も学ぶようになった。「英語で話し、人と交流することで、新

鮮な経験、インスピレーション、人とのつながりなど、得られるものも多いと感じています」。

まずは好きになり、それから実際の行動を通じて試行錯誤しつつ能力を磨く。これは音楽を学ぶこととも共通する角野さんの方法と言える。

英語による異文化との交流はアーティストとしての表現にも影響を与えている。「海外で知らないことに出会い、何かを感じたとき、よく即興演奏をするんです。そしてそれを録音しておきます。その演奏を聴いてみると、自分でも気づかなかった、直感や本能でとらえたものが出ているのが興味深いですね」。

即興は、クラシック音楽の殻を破る一つの鍵になるのかもしれない。加えて西欧以外の文化も可能性を秘めている。「従来のクラシック音楽でも民族音楽を取り入れた人々はいましたが、これからは即興も含め、インド、インドネシアなど非西欧圏の影響を受けて新しいものが出てきたらおもしろいと思います」。

例えば角野さんが「これ、今すごく好きなんです」と教えてくれた音楽の一つが、インドのボイスパーカッション「コナッコル」[2]である。こうした飽くなき好奇心は、これからも角野さんを成長させる力

東大時代のロック仲間と結成したシティソウルグループ Penthouse ではピアノ／キーボードを担当。2022年11月、東京 チームスマイル 豊洲 PIT での公演「City Soul Society Vol.3 -The Affair and The Coke-」後の風景。© 石崎祥子

› CROSSING THE BORDER

（左から）角野さんの1st フルアルバム『HAYATOSM』（eplus music）／マリン・オルソップ指揮、ポーランド国立放送交響楽団の来日ツアーにソリストとして参加した際のライブ録音アルバム『ショパン：ピアノ協奏曲 第1番 ホ短調作品11』（eplus music）／Penthouse の1st Full Album『Balcony』（ビクターエンタテインメント）／YouTube「Cateen かてぃん」サイト

になるに違いない。

英語を学ぶ仲間たちへ

　今年の4月からはニューヨークに滞在する計画だ。「僕自身もジャズに影響を受けていますし、ジャズの影響を受けた作曲家の作品を演奏することも多いので、もっとジャズを知りたい、またクラシック音楽も含めて世界中の音楽が集まる刺激的な都市に身を置いてみたい、と考えたからです」。ひとまず数カ月の滞在を予定しているというが、英語力はさらに高まるだろうし、感性への刺激も大きいだろう。

　最後に角野さんは、読者に向け、英語でこうメッセージをくれた。

🔊 **062**　※角野隼斗さんからの英語のメッセージを肉声で聞くことができます（音声の聞き方は p. 7）

　Hello, I'm Hayato. Um, learning English is so important and so meaningful to me. Learning (a) new language is not just learning language but also learning different kind of culture, different kind of people. It's very important to understand music deeply. So, it's always a lot of fun to talk with different kind of people, right? — and very inspirational, keep learning English!

　Let's study English together!

※1 ロシア奏法：ロシア・ピアニズムとも呼ばれる。重力を利用して音量を高める弾き方。旧ソ連の解体で職を失ったロシアのピアニストが来日して日本でその奏法を伝えたことからロシア奏法と呼ばれるようになった。
※2 コナッコル：南インドのボイスパーカッション的な伝統芸能。西欧音楽にはない複雑な変拍子のリズムを用いることから、欧米のミュージシャンで注目する人も増えている。

角野隼斗（すみのはやと）
1995年7月14日、千葉県八千代市生まれ。幼少時からピアノ教師の母の指導を受け始める。開成中学校に入学したころから、ボカロや音ゲーの曲、ゲームのプレイ動画などをYouTubeに投稿開始。開成高校在学中、eスポーツの全国大会に出場し8位入賞。東京大学大学院在学時の2018年8月、ピティナ・ピアノコンペティション特級グランプリを受賞。同9月より半年間、フランス音響音楽研究所（IRCAM）に留学し音楽情報処理の研究に従事する。2019年に東大の同窓生らとシティソウルバンドPenthouseを結成し、Cateen名義でピアノ・キーボードを担当。自身のYouTubeチャンネルでは「Cateen かてぃん」名義で活動し、チャンネル登録者数は120万人（2023年3月）。

SPECIAL INTERVIEW

Steven Pinker

スティーブン・ピンカー
ハーバード大学の心理学教授

DATA
取材日：2022年10月23日
　　　　（オンラインでのインタビュー）
インタビュアー：大野和基

コロナ禍で、私たちはさまざまな行動規制を受けました。その際言われたのが、科学的な知見に基づいた判断です。しかしスティーブン・ピンカー氏は、「どう行動するべきかを科学が決める」という考えには誤りがあると言います。さて、彼の真意はどこに……。

Steven Pinker
スティーブン・ピンカー

1954年、カナダ、モントリオール生まれ。実験心理学者、認知心理学者。言語能力や、言語獲得の問題に関する研究を手掛け、『21世紀の啓蒙』（草思社文庫）、『人はどこまで合理的か』（草思社）など、数々のベストセラーを世に送り出している。米タイム誌の「最も影響力のある100人」に選ばれたことも。2023年現在、ハーバード大学の心理学教授。

Rationalityを
取り戻すために

　写真：M. Scott Brauer/Redux/ アフロ

One of the main irrationalities is that we all overestimate our own rationality.

——主要な非合理性の一つが、誰もが自分の合理性を過大評価してしまう、というものなのです。

『人はどこまで合理的か』
（上・下刊）

スティーブン・ピンカー著／橘 明美 訳
／草思社／上下各1900 円＋税
本書は2021年に刊行された全米ベストセラーの邦訳。フェイクニュースが出回る現代において、合理性を失わずに物事を判断するためのヒントを、ハーバード大学心理学教授が伝授。

ハーバード大学のスティーブン・ピンカー教授は進化心理学者の第一人者で、近著には Rationality（邦訳『人はどこまで合理的か』）、Enlightenment Now（邦訳『21世紀の啓蒙』）がある。どれも世界的に耳目を集めた好著であるが、私が最初にインタビューしたのはかなり昔で20年近くも前だ。当時は MIT の教授だった。

今回 Rationality について、昨秋来日したときに帝国ホテルで対面インタビューする予定であったが、氏が直前にコロナ陽性になり、来日できなくなったので急遽 Zoom に切り替えた。

さて最近のソーシャルメディアを見ると、相手と少しでも異なる意見を言うと炎上したり、袋叩きに遭い、排斥（cancel）されたりする傾向にあることは誰もが感じているだろう。またどれほど合理的に説明しようとしても相手が耳を貸そうとしないことも以前よりはるかに増えている。これは社会から

rationality（合理性）が失われつつあることを示していることに他ならない。

氏は著書の中で、確率、相関と因果、ゲーム理論など合理性を鍛える 7 つのツールを披露しているが、これはジャーナリズム、アカデミズムの文化の一部になるべきだとインタビューで訴えている。私もまったく同感だ。

では合理的な思考ができるようになるにはどうしたらいいのか。いかなる人もバイアスに陥りやすく、自分の誤謬に気づきにくいことを認識することで、批判を受容しやすくなり、相手を攻撃することは少なくなる。そして、日本の教育に欠けている批判的思考が欠かせないと氏は言う。合理的な思考がかつてないほど危うくなっている今、健全な議論こそが最も重要なことではないか。

大野和基（国際ジャーナリスト）

BEFORE LISTENING 聞く前に

事前に音声の特徴や、リスニングのポイントを確認しておくと、聞き取りやすくなります。

INFORMATION 音声の特徴

形式：1対1のインタビュー　難易度：level 3 ★★★★★　速さ：標準

話し方・特徴
クリアな北米式の発音、落ち着いた一定のテンポ、言いよどみの少なさが特徴的。
研究者の説明ながら、専門用語も多くはなく、一般の人にも分かりやすい。

CONTEXT インタビューの背景

　日常生活にソーシャルメディアが深くかかわるようになり、私たちは時に根拠の曖昧な情報やフェイクニュースによって、合理的な判断を阻害されることがあります。実験心理学者で認知心理学にも造詣が深いスティーブン・ピンカー氏は、こうした現状に対し、まず自分の信念がどこまで確かなものなのかを疑えと語り、その有効な方法の一つとして、自分自身を批判にさらすこともいとわない、他人との議論の大切さを説いています。社会の分断が進む中で、今私たちに必要とされる合理的な判断とは、どうしたらものにできるのでしょうか。このインタビューを通してあらためて考えてみましょう。

KEY WORDS 理解のためのキーワード

cancel culture
キャンセル・カルチャー

主にソーシャルメディアを利用して、不適切な言動をしたとされる人物を社会的に追放しようとすること。

checks and balances
チェック・アンド・バランス

政治権力の特定部分が肥大化することを防ぐため、互いに権力を抑制して拮抗する勢力となること。通例三権分立を指す言葉として用いられる。

Bayesian reasoning
ベイズ推論

数学のベイズ定理の考え方に基づき、事象から推定したいことを確率分布から推論する手法のこと。

▶ NOW LISTEN!

The ❶Overestimation of Rationality

EJ: Let me start by saying that I'm sure ❷Putin thinks that he's ❸rational, but I mean when you say that you're rational, you're rational, so you don't say that you are not rational because you are rational from your own ❹viewpoint, even if you don't sound rational ❺to the eye of ❻the other party. So, some people say rationality is ❼subjective, not ❽objective in that sense. But you are saying that rationality is ❾disinterested, it is the same for everyone everywhere.

Steven Pinker: Yes, that's exactly right. And the fact that someone ❿claims to be rational does not mean that they are rational. In fact the — one of the main ⓫irrationalities is that we all overestimate our own ⓬rationality.

合理性の過大評価

EJ: まず言わせください。プーチン氏は間違いなく自分が合理的だと思っているのでしょうが、人が自分は合理的だ、と言うとき、自分ではそうだと思っていて、自分の視点からすれば合理的なのだから、自分は非理合理的だとは言いませんよね、他者からすれば合理的には思えないとしても。そういう意味で、合理性というのは主観的であり、客観的ではないという意見もあります。でもあなたは、合理性とは公平なもので、それはどこの誰にとっても変わらないとおっしゃいます。

スティーブン・ピンカー: はい、まさにそのとおりです。それに、誰かが自分が合理的だと言ったからといって、その人が合理的だということにはなりません。実は主要な非合理性の一つが、誰もが自分の合理性を過大評価してしまう、というものなのです。

---

❶ **overestimation** 過大評価 ★最終行のoverestimateは動詞で「〜を過大評価する」。

❷ **(Vladimir) Putin** （ウラジーミル・）プーチン ★（1952 ）。ロシアの政治家。ロシア連邦第2・4代大統領。2022年2月24日にロシア連邦が開始したウクライナへの軍事侵攻は、世界に衝撃を与えた。

❸ **rational** 合理的な、理性のある、正気

な ★1行下の2つ目のrationalの前には本来beingが入るべき。

❹ **viewpoint** 視点、観点

❺ **to** ★正しくはin。

❻ **the other party** 相手方、相手側

❼ **subjective** 主観的な

❽ **objective** 客観的な

❾ **disinterested** 公平な、私心のない

❿ **claim** 主張する

⓫ **irrationality** 不合理、無分別、理性を失った状態

⓬ **rationality** 合理性、合理的行動、理論的であること

Irrationality Is Ever Present　🔊 003

EJ: Some say that we have reached [1]a point in time, fortunately or unfortunately for some people, in which we cannot be too rational, mainly [2]due to [3]social media. What would you say?

Pinker: Well, humans have always displayed irrationality, at least outside their day-to-day lives. Most people are perfectly rational when it comes to keeping food in the refrigerator and gasoline in the car and holding a job, but in terms of their opinions in politics and economics and science then it's not as if there was a golden age in which people were more rational than they are today. There's a lot of irrationality today, but there was also an [4]awful lot of irrationality in older times.

To Prevent [5]Fallacy　🔊 004

EJ: We have a [6]cancel culture, as it were. To [7]counterbalance or [8]counteract the [9]detrimental effects that social media tends to heighten, are you saying that we need to make the best use of the s—seven [10]tools of the trade,

非合理性はいつの時代にも

EJ：私たちは現在、人によってそれが幸運だったり不幸だったりするでしょうが、主にソーシャルメディアのせいで、あまり合理的にはなれないと言う人もいます。それについてはどう思われますか？

ピンカー：まあ、人間はいつだって非合理性を露呈してきましたから、少なくとも日々の生活以外では。ほとんどの人が、冷蔵庫に食料品を蓄えておくことや、車にガソリンを入れておくこと、そして職を失わないようにすることなどは、完璧に合理的にできるものです。しかし、それがこと政治、経済、そして科学に関わる意見となると、今よりも人々が合理的だった黄金時代が存在する訳ではありません。今も非合理性は多くありますが、過去にもまたうんざりするほど非合理性がありましたから。

誤謬を防ぐために

EJ：今、いわゆるキャンセル・カルチャーというものがあります。ソーシャルメディアが増幅させがちな、こうした弊害に、釣り合いを取る、もしくは対抗するためには、著書で詳細に述べられた、合理性のためのユーザー・ガイド、いわば7つの商売道具

---

[1] **a point in time**　ある時点

[2] **due to ~**　～のせいで、～が原因で

[3] **social media**　ソーシャルメディア　★インターネット上で情報を提供・共有するサービス。

[4] **awful**　すさまじい

[5] **fallacy**　誤謬、虚偽　★推論の過程で起きるさまざまな誤り。

[6] **cancel culture**　キャンセル・カルチャー　★➡p. 42のKEY WORDS参照。

[7] **counterbalance**　～を釣り合わせる

[8] **counteract**　～の力に対抗する

[9] **detrimental**　弊害をもたらす

[10] **tools of the trade**　商売道具

[11] **if you will**　いうなれば

[12] **logic**　論理、論法　★著書 *Rationality*『人はどこまで合理的か』（p.41 参照）の第3章、"Logic and Critical Thinking"「論理の強さと限界はどこにあるか」で論じている。

[13] **probability**　確率、可能性　★著書の第4章、"Probability and Randomness"「ランダム性と確率にまつわる間違い」で論じている。

[11] if you will, you detailed in the book or in a user's guide to rationality?

Pinker: Yes, I think it's good for people to understand and use the major tools of rationality like [12]logic, [13]probability, [14]correlation and [15]causation, [16]game theory. To be able to think using those formulas can make us all rational. But in addition, it has to be part of our culture—it has to be part of journalistic culture, and academic culture, and political culture—that you don't [17]commit fallacies like arguing from one example, like attacking the person rather than the argument, like [18]reasoning from a stereotype and not [19]taking into account the [20]base rate or the [21]frequency in the [22]population. There are many fallacies that we make which just should be part of everyone's [23]awareness.

を駆使すべきだとおっしゃるのでしょうか？

ピンカー：そうですね。論理、確率、相関と因果、ゲーム理論など、合理性の主要なツールを理解し、利用することは良いことだと思います。これらの公式を使って考えられるようになると、合理的な思考ができるようになりますから。でもそれだけではなく、私たちの文化の一部としなくてはいけません。一つの例を基に主張する、主張ではなく人格を攻撃する、基準率や母集団の頻度を考慮することなく、ステレオタイプを基に推論する。こうした誤謬を犯さないようにすることを、ジャーナリズム文化、アカデミック文化、そして政治文化の一部としなければならないのです。私たちは多くの誤謬を犯すもので、そのことを誰もが自覚する必要があります。

[14] **correlation** 相関関係 ★著書の第9章、"Correlation and Causation"「相関と因果を理解するツールの数々」で論じている。

[15] **causation** 因果関係

[16] **game theory** ゲーム理論 ★著書の第8章、"Self and Others (Game Theory)"「協力や敵対をゲーム理論で考える」で論じている。

[17] **commit** ～を犯す

[18] **reason** 推論する

[19] **take into account ~** ～を考慮に入れる

[20] **base rate** 基準率、ベースレート ★ここでは base rate neglect（基準率の無視）という、具体的でイメージしやすい数字には敏感だが、一般的な情報や統計的数字を無視してしまう、人間の性質を言っている。

[21] **frequency** 度数、頻度

[22] **population** 母集団

[23] **awareness** 認知度、気付いていること

And I think we all need to strengthen the ❶institutions of rationality that allow us to be more rational as a group than we can be individually—institutions like ❷academia, with ❸peer review and ❹open debate and ❺criticism; like journal—responsible journalism with fact checking and editing; like a democratic government with ❻checks and balances and open debate. We can't just ❼count on every individual to be rational because we can try, but there's only so rational we can be. We always ❽favor our own position. But we have to belong to societies and communities and professions where the rules make us more rational, even if individually we're not rational.

The Importance of the Argument 🔊 0 0 5

EJ: I see. But when you get told that you are ❾canceled, how would you try to put the other party back on the same table or on the ❿level playing field? As you said in the book, it cannot work unless you first accept the ⓫ground rule that rationality is the way to decide what matters.

さらに、個人的であるよりも集団としてもっと合理的になれるよう、合理性を備えた組織を強化していくべきだと考えています。例えば、査読や開かれた議論そして批判が許される学術機関、事実確認や編集を伴った責任あるジャーナリズム、チェック・アンド・バランスや公開討論が機能する民主政治ですね。全ての個人が合理的であることを当てにするだけじゃダメなんです。それを目指すことは可能ですが、合理的になるにも限界がありますから。人は常に、自分の立場を好むものです。それでも私たちは、たとえ個人としては合理的でないとしても、その組織内の規則によって合理的にならざるを得ないような、社会やコミュニティー、職業に所属する必要があります。

主張することの大切さ

EJ：なるほど。ですが、おまえはキャンセルされたのだと言われたら、どのようにして相手を再び同じテーブルに着かせる、もしくは公平な土俵に戻すことができるのでしょうか？ 著書に書かれているとおり、物事を決断するためには合理的になるしかないという基本原則をまず受け入れない限り、うまくはいかないのですから。

---

❶ **institution** 組織、団体

❷ **academia** 学会

❸ **peer review** （専門家同士の）相互評価、査読

❹ **open debate** 開かれた議論

❺ **criticism** 批判

❻ **checks and balances** 抑制と均衡、チェック・アンド・バランス ★➡p. 42のKEY WORDS参照。

❼ **count on ~** ～を頼りにする、～を当てにする

❽ **favor** ～の方を好む

❾ **cancel** （人）を（リストなどから）削除する ★➡p. 42のKEY WORDSのcancel

cultureも参照。

❿ **level playing field** 公平な土俵、公平な競争の場

⓫ **ground rule** グラウンドルール、基本原則

⓬ **algorithm** アルゴリズム ★数学的な問題を解くための手順。

Pinker: Well, you may not. That is, not everyone is rational and not everyone will agree to arguments. So if you're asking what is the formula, what is the [12]algorithm, there isn't one. It's like how can I [13]convince the Pope that Jesus was not the son of God? Well, maybe I can't. How can I convince Putin that his war was a mistake? Well, maybe I can't.

But some people can be [14]persuaded, and there are people who have not yet [15]committed. There are new babies that are born all the time, and they can be persuaded before they [16]get locked into an opinion. And there are [17]bystanders, the people that are not completely committed to a position that can be open to arguments. And the arguments should be made. [18]Namely that no one is [19]infallible, no one is [20]omniscient, and that if you prevent someone from expressing an opinion you'll never find out whether the opinion is right or wrong, and therefore you guarantee that the society will be locked into errors.

ピンカー：まあ、それはできないかもしれないですよね。つまり、全員が合理的なわけではないですし、全員が主張に同意するわけではありませんから。ですから、もし公式は何か、アルゴリズムは何かと聞いていらっしゃるなら、それは存在しません。例えば、どうすればイエスキリストは神の息子ではなかったとローマ法王を納得させられるでしょうか？ まあ、 できないかもしれませんね。どうすればプーチンに、彼の戦争は間違いだったと納得させられるでしょうか？ まあ、できないかもしれません。

でも、中には説得できる人もいて、まだ立場のはっきりしていない人もいます。赤ちゃんも次々生まれていて、一定の意見に凝り固まる前に、その子たちは説得できるでしょう。さらには傍観者もいて、彼らはまだある立場に完全に傾倒しているわけではなくて、主張を聞く耳を持っています。そして主張はされなくてはいけません。すなわち、間違いを犯さない人はいない。全てを知っている人はいない。そして誰かが意見を言うことを阻めば、その意見が正しいのか間違っているのか知ることもできなくなり、そのような社会は確実に過ちで凝り固まってしまいます。

[13] **convince** 〜を納得させる、〜を確信させる

[14] **persuade** 〜を説得する、〜を納得させる

[15] **commit** 誓約する、誓う

[16] **get locked into 〜** （物の考え方などが）〜に閉じ込められる

[17] **bystander** 傍観者、見物人

[18] **namely** すなわち、つまり

[19] **infallible** 絶対に過ちを犯さない

[20] **omniscient** 全知の、博識な

Degrees of Belief　🔊 006

EJ: I interviewed Dr. ❶Anthony Fauci over ❷Zoom, and he ❸stressed "based on science" repeatedly. And other government(s), including the Japanese government, said the same thing, based on science. But why then each government has a, different policies on COVID? Where do we see the rationality in COVID policies?

Pinker: I have a chapter in ❹*Rationality* called ❺Signal Detection—well, the chapter's called ❻"Hits and False Alarms." And, it's, it is a fallacy to say that science tells us what to do, for two reasons. One of them is that often science provides only a degree of belief, a ❼credence. And the chapter on ❽Bayesian reasoning, the chapter on beliefs and evidence, explains how we should ❾calibrate our degree of belief in a, a ❿hypothesis according to the strength of evidence. So that's one way in which it's ⓫misleading to say science announces the truth. Science usually has a degree of belief between zero and 1.

確信の度合い

EJ:私がZoomでアンソニー・ファウチ博士をインタビューしたとき、繰り返し「科学に基づいて」と強調しておられました。そして日本政府を含め各国政府は同じことを言いました、科学に基づいてと。それならば、なぜ新型コロナウイルス感染症の政策は国によって違うのでしょうか？　コロナ政策では、どこで合理性を見つければいいのでしょうか？

ピンカー:私の著書『人はどこまで合理的か』には、信号検出というタイトルの章があります。その、章のタイトルは「できるだけ合理的に真偽を判断する」ですが。で、私たちがどう行動するべきかは科学が教えてくれると言うのは、2つの理由から誤謬があります。一つ目の理由は、往々にして、科学が提供するのは、ある程度の確信、信用でしかないからです。そして「信念と証拠に基づく判断＝ベイズ推論」の章で説明しているのは、ある仮説をどこまで信じるかは、証拠の強さによって調整する必要があるということです。ですからそれが、「科学は真実を告げる」と言ってしまうことに語弊がある理由の一つです。科学には大抵の場合、ゼロから1の間の、確信の度合いというものがあるからです。

---

❶ **Anthony Fauci** アンソニー・ファウチ ★ (1940-)。アメリカの医師、免疫学者。1984年からアメリカ国立アレルギー・感染症研究所（NIAID）所長。2020年1月からホワイトハウス・コロナウイルス・タスクフォースの一人としてアメリカの新型コロナウイルス対策を指揮した。2022年12月に国立アレルギー感染症研究所所長と米主席医療顧問を辞任。

❷ **Zoom** ズーム ★アメリカのソフトウェア開発会社Zoomビデオコミュニケーションズが開発したWeb会議システム。

❸ **stress** ～を強調する

❹ ***Rationality*** 『人はどこまで合理的か（上・下）』★ (2022、草思社刊)。ピンカー氏の著書。ハーバード大学で著者が受け持つ一般教養の講義が元になっている。原著 *Rationality : What It Is, Why It Seems Scarce, Why It Matters* (2021)

❺ **signal detection (theory)** 信号検出（理論）★著書の第7章、"Hits and False Alarms (Signal Detection and Statistical Decision Theory)"「できるだけ合理的に真偽を判断する」で論じている。

❻ **"Hits and False Alarms"** 「ヒットと誤警報」★著書の第7章のタイトル。日本語版では「できるだけ合理的に真偽を判断する」となっている。

You Might Be Wrong

🔊 007

And the s—second reason is that even if you have a degree of belief it doesn't tell you how you act on it because you might be wrong. You might be wrong in two different ways. It could be that you are too cautious and that you're paying a big price in terms of the shutting down the economy and, and mental health. It could be that you are too [12]lax and you're paying too big a price in terms of how many people get sick and die. Now science can't tell you how to [13]trade those off. What it can say is that this is how they trade off.

あなたが間違うかもしれない

二つ目の理由は、たとえある程度確信を持てたとしても、その確信に基づいてあなたがどう行動するかを教えてくれるわけではありません。なぜならあなたが取る行動が間違っている可能性があるためです。あなたの行動は、2つの方法で間違う可能性があるということです。（コロナ政策において）慎重になり過ぎて、経済を完全に止めてしまうことやメンタルヘルスの観点から、代償があまりにも大きなものになるかもしれません。あるいは緩くなり過ぎて、どれだけの人が感染して亡くなるかという観点から、代償があまりに大きいかもしれない。そして科学は、それらをどうやって相殺させるべきなのか、教えてはくれません。科学が言えるのは、このように相殺される、ということだけです。

---

❼ credence 信用、信頼、信任

❽ Bayesian reasoning ベイズ推論
★著書の第5章、"Beliefs and Evidence (Bayesian Reasoning)"「信念と証拠に基づく判断＝ベイズ推論」で論じている。➡ p. 42のKEY WORDS参照。

❾ calibrate 〜を調整する

❿ hypothesis 仮説、仮定

⓫ misleading 語弊がある

⓬ lax 手ぬるい

⓭ trade ~ off 〜を相殺させる

And so I, I think a ❶responsible ❷public health official should do two things. One is they should ex—explain that science is always uncertain, but if the evidence is very good to ❸convey the strength of the evidence, but also to say that all decisions involve ❹tradeoffs. How to ❺justify the tradeoff is not itself a matter of science, but it is a matter of politics, and the political leaders should be prepared to ❻defend why their particular policy has the best tradeoff. They can say yes, our economy will not grow as fast, but we will save 40,000 lives. Or the other way around. They could say we're willing to sacrifice another 20,000 lives in order to get people back to work.

Either way, in a democracy we should act with the facts in front of us, and the facts often involve tradeoffs, not a correct decision.

ですから責任ある公衆衛生担当当局者は、2つのことをすべきです。第一に科学は常に不確かなものだと説明すること。ただしもし証拠が有力なら、その証拠の強さを伝えること。とはいえ、あらゆる決断には妥協がつきまとうということも、伝えるべきなのです。その妥協をどう正当化するか、それ自体は科学の問題ではなく政治の問題で、政治的指導者たちはなぜ特定の政策が最良の妥協点なのかを弁護できなくてはいけません。政治家は、「はい、私たちの経済は伸び悩むでしょうが、4万人の命を救うことができます」と言うことができます。あるいはその逆で。「人々が仕事に戻るためには、2万人の命を犠牲にしてもやむを得ないと考えています」と言うこともできます。

いずれにしても、民主主義において私たちは、目の前にある事実を基に行動すべきであり、その事実というのはしばしば正しい決断ではなく、妥協を伴うものなのです。

To Be Rational　　　　　🔊 008

EJ: ❼Last question, but certainly not least, how do we train ourselves to be rational?

合理的になるために

EJ：最後になりますが、重要なことを伺います。私たちはどうやって合理的になる訓練することができますか？

---

❶ responsible　責任のある

❷ public health official　公衆衛生当局者

❸ convey　〜を伝える

❹ tradeoff　妥協

❺ justify　〜を正当だと証明する

❻ defend　〜を弁護する、〜を擁護する

❼ last but certainly not least　最後になりましたが　★直訳は「最後になりましたが、他に劣らず重要なことを申し上げます」。スピーチなど最後に述べる内容を始める前に述べる言葉。

❽ critical thinking　クリティカルシンキング、批判的思考（法）★著書の第3章、"Logic and Critical Thinking"「論理の強さと限界はどこにあるか」で論じている。

❾ doubt　〜を疑う

❿ certainty　確実性

⓫ cognitive　認知の

⓬ coalition　連立　★ここでは「味方」くらいの意味で使っている。

Pinker: I think to adopt some of the good habits of [8]critical thinking, starting with [9]doubting our own [10]certainty, realizing that our belief has to be calibrated on a scale from zero to 1, that no one is certain of anything, to be aware of one's own [11]cognitive fallacies, such as we all tend to favor our own side, our own [12]coalition. Knowing that we are [13]vulnerable to a fallacy does not guarantee that we can escape it. It's very hard to escape it. But still it's better to realize it than not to realize it. And to be aware of these fallacies.

But also to be in discussion with other people where you expose yourself to criticism, where you're, you try to be receptive to criticism, where you have the right to criticize someone else and they have the right to criticize you, and the best argument should be allowed to [14]prevail. It's often very crucial to be a part of a community of people who debate and evaluate ideas rather than to force your idea on others.

Interviewed by Kazumoto Ohno

ピンカー：クリティカル・シンキングの良い習慣を身に付ける、ということがあると思います。まずは、自分の確実性を疑い、自分の信念はゼロから1の度合いの中で調整する必要があるということや、誰も何に対しても確信を持てるわけではないということを理解し、誰だって自分がいる側、自分の味方寄りになるものだという、認知的誤謬に気付くことです。（ただし、）私たちが誤謬に陥りやすいことを知ったところで、それから逃れられるという保証があるわけではありません。逃れるのはとても難しいことです。それでも、気付くだけでも、気付かないよりまだいいのです。これらの誤謬に気付くだけでも。

でもそれだけではなく、他者と議論することも重要です。自分自身を批判にさらし、批判を受け入れようと努力し、他者を批判する権利を自らに与え、同時に、他者にも自分を批判する権利を与え、そして最も優れた主張が勝つことが許されるような議論を。自分の意見を他者に押し付けるのではなく、議論し、意見を評価し合うような人々のコミュニティーに所属することが、極めて重要になってくるのです。

（訳：春日聡子）

---

[13] **vulnerable** 脆弱(ぜいじゃく)な、流されやすい

[14] **prevail** 勝つ、圧倒する

AFTER LISTENING 聞いた後に

内容理解クイズで、どれくらい聞き取れたかを確認します。
次にディクテーションとシャドーイングに取り組み、リスニング力とスピーキング力を鍛えましょう。

❓ TRUE／FALSE REVIEW 内容理解クイズ

インタビューの内容と合っていればT（True）を、違っていればF（False）を選んでください。間違っていたら、解答と日本語訳をしっかり確認しましょう。

［解答と日本語訳］p. 53

1 Steven Pinker believes there was a time in the past when people were far more rational than they are today.

［ T ／ F ］

2 According to Pinker, there are limits on how rational an individual can be.

［ T ／ F ］

3 Pinker says that it would be inaccurate to state that science announces the truth.

［ T ／ F ］

4 Pinker says if we are aware of our cognitive fallacies, we will definitely be able to escape them.

［ T ／ F ］

✎ DICTATION　ディクテーション

🔊 009

音声を聞き、下の欄に書き取りましょう。手順はp.5参照。

[解答] p.51、下から4行目〜最終行

It's

on others.

DICTATION GUIDE ＞ 特に使用頻度の低い表現や、やっかいな音声変化は含まれていません。速くもなく、抑揚もあり、所々に間があり、内容語の強勢（crucial や evaluate など）も明瞭なので、難なく全体の意味を捉えながら書き取れるでしょう。ただ他の箇所に比べると言いよどみが多いようですから、文末の others の直前などは早とちりしないよう心掛けてください。

TRUE/FALSE REVIEW　解答

1 False
スティーブン・ピンカーは、過去には、人々が今よりも合理的だった時代があったと信じている。[該当箇所] TRACK 003

2 True
ピンカーによると、個人が合理的になるには限界がある。[該当箇所] TRACK 004

3 True
ピンカーは、科学は真実を告げると言うのは正しくないと言っている。[該当箇所] TRACK 006

4 False
ピンカーは、認知的誤謬を認識すれば、必ずそれから逃れられると言っている。[該当箇所] TRACK 008

⬤ SHADOWING　シャドーイング

次の部分をシャドーイングして、聞き取る力と同時に話す力も鍛えましょう。
手順はp. 5参照。

> And the arguments should be made. Namely that no one is infallible, no one is omniscient, and that if you prevent someone from expressing an opinion you'll never find out whether the opinion is right or wrong, and therefore you guarantee that the society will be locked into errors.

SHADOWING ›
GUIDE

個々の語やフレーズの発音だけでなく、節ごとのイントネーションも意識すると、伝わりやすい話し方になります。単語は infallible と omniscient の意味と発音を押さえておき、上昇調のイントネーションを . . . is infallible（↗）、. . . is omniscient（↗）、. . . right or wrong（↗）でしっかり使えるよう練習するとよいでしょう。

難易度
level 3
★★★★★

🔊 011

INTERVIEW
PLAYBACK 1

Anders Hansen
アンデシュ・ハンセン

精神科医

DATA
取材日：2021年4月9日
　　　　（オンラインでのインタビュー）
インタビュアー：大野和基
掲載号：2021年11月号

IT技術の発達によって、私たちは快適なデジタルライフを送っています。でも、そこに落とし穴はないのでしょうか。世界的ベストセラー『スマホ脳』の著者アンデシュ・ハンセン氏が、こうした懸念に卓見を述べたインタビューは、今なお必聴です。

> ## "We should not adapt to technology. Technology should adapt to us."
>
> ──私たちがテクノロジーに適応するべきではない。テクノロジーが私たちに適応すべきなのです。

Anders Hansen
アンデシュ・ハンセン（精神科医）

1974年、スウェーデン、ストックホルム生まれ。ノーベル生理学・医学賞の選考委員会があることで知られる名門カロリンスカ医科大学を卒業。ストックホルム商科大学で経営学修士（MBA）を取得。執筆やテレビ番組への出演など精力的にメディア活動を続ける。著書に『一流の頭脳』（サンマーク出版）、『スマホ脳』（新潮新書）、『運動脳』（サンマーク出版）など。

誰もがなり得る「スマホ脳」
デジタル機器との正しい付き合い方

精神科医のアンデシュ・ハンセン氏は、ストックホルムのカロリンスカ医科大学を卒業後、ストックホルム商科大学で MBA を取得。現在は同市のソフィアヘメット病院に勤務しながら執筆をはじめとするメディア活動を行い、八面六臂の活躍をしている。

世界的ベストセラー『スマホ脳』（英題：*Insta-Brain*）では、今では当たり前のように使われているスマホのマイナス面に警鐘を鳴らしている。インタビューでも指摘しているように、狩猟採集生活に適応した人間の体や脳は、過去1万年、2万年の間、

『スマホ脳』
アンデシュ・ハンセン著／久山葉子
訳／新潮新書／980 円＋税
スマホなしでは日々の生活もおぼつ
かない現代。本書では、その便利さ
に影に潜む、スマホが及ぼす脳への
影響を、スウェーデンの精神科医が
ひも解く。

生物学的に全く変化していないという。その点から見ると、人類の歴史上、われわれがいかに「特異な世界」に生きているかが分かる。

　前著『一流の頭脳』でもそうだが、ハンセン氏が特に脳に関心があるのは、彼が精神科医であるからだろう。多くの人は四六時中スマホから離れることができないでいるが、その人間の脆弱性に付け込んで巨額の利益を得ているのが、ビッグ・テックやソーシャルメディアの企業である。スティーブ・ジョブズが自分の子供にスマホや iPad を使わせなかったことを忘れてはならない。

　かと言って、ハンセン氏はスマホやデジタル機器を完全に否定しているわけではない。例えば、スクリーンで読むものと紙面で読むものを区別している。紙面で読んだ方が深く理解できることが分かっているから、難しい内容のものは紙面で読むようにしているという。最終的にわれわれがデジタル機器に振り回されないようにするにはどうしたらいいのか。インタビューを聞いて、改めて自分のスマホ生活を見つめ直してほしい。

大野和基（国際ジャーナリスト）

BEFORE LISTENING 聞く前に

事前に音声の特徴や、リスニングのポイントを確認しておくと、聞き取りやすくなります。

INFORMATION 音声の特徴

形式：1対1のインタビュー　難易度：level 3 ★★★★★　速さ：やや遅い

話し方・特徴
ノンネイティブのため文法ミスが時々聞かれるも、スウェーデン語のアクセントは目立たず聞きやすい。精神科医の説明ながら、シンプルで一般の人にも分かりやすい。

※本インタビューの音声には、周囲の雑音が含まれています。ご了承ください。

📖 CONTEXT インタビューの背景

　アンデシュ・ハンセン氏は、スウェーデン、ストックホルム出身の精神科医です。執筆や講演活動をはじめテレビやラジオでも精力的に情報を発信しています。
　脳に関する著書『一流の頭脳』（サンマーク出版）、そして『スマホ脳』（新潮新書）は、世界的ベストセラーとなっています。国際ジャーナリストの大野和基氏によるインタビューでは、スマホなどのデジタル機器が私たちの行動や生活に及ぼす影響、紙で情報を得ることの意味、なぜ私たちはスマホを手放せなくなっているのかについて話しています。さらには、今後人類はどのようにテクノロジーと向き合っていくべきかを、教えてくれます。

🔑 KEY WORDS 理解のためのキーワード

Insta-Brain
『スマホ脳』

ハンセン氏の著書。睡眠障害、鬱（うつ）、記憶力や集中力、学力の低下、依存など、スマホをはじめとするデジタル機器が人間の脳に与える悪影響について論じている。インタビューでは this book（この本）という表現で紹介されている。

dopamine
ドーパミン

中枢神経に存在する神経伝達物質の一つで、やる気や幸福感など、快く感じる原因となる脳内報酬系の活性化において、中心的な役割を果たす。「幸せホルモン」とも呼ばれる。

アメリカ合衆国議会
議事堂襲撃事件

2021年1月6日、アメリカ大統領選での不正を訴えるドナルド・トランプ氏の支持者たちが連邦議会議事堂を襲撃した事件。後に司法省は、襲撃者の多くが根拠のない陰謀論の信奉者だったと発表した。インタビュー音声では storm the Congress（連邦議会を襲撃する）という表現が出てくる。

▶ NOW LISTEN!

A Strange New World　　🔊 012

EJ: How did you become so interested in the effects of ❶digital gadgets on human behavior?

Anders Hansen: I've always been very interested in human behavior, in human ❷cognition, and also in human history, and I realized ❸somewhere around five years ago, I think, in 2016, that the change, the ❹transition that we have made during the last ❺decade is the fastest ❻in terms of human behavior in the history of our ❼species. We have never changed our behavior so much as we have done during the last 10 years. And I wanted to understand "Why is that?"

奇妙な新世界

EJ：何がきっかけで、デジタル機器が人間の行動に与える影響に興味を持つようになったのですか？

アンデシュ・ハンセン：私は以前から人間の行動、人間の認識力、さらには人間の歴史についてすごく興味を持っていたのですが、5年ほど前、確か2016年に、この10年で私たちが起こした変化、変遷は、人間行動という点からすると、われわれの種の歴史上、最も急速なものだということに気付いたのです。この10年でしてきたほど、私たちが自分たちの行動を変えたことは、いまだかつてありませんでした。「それがなぜなのか」を理解したいと思ったのです。

---

❶**digital gadget**　デジタル機器　★gadgetは「（目新しい）道具、装置」の意。

❷**cognition**　認識、認知

❸**somewhere around ~**　およそ〜、〜くらい

❹**transition**　推移、変遷

❺**decade**　10年間

❻**in terms of ~**　〜の点からすると

❼**species**　種　★単複同形。

And what I think it's so important to know is that the world that we live in — with cars, and computers, and cheap food, and global travel — it feels natural to us because that's the only world that we have seen.

But humans have lived this way during just 0.01 percent of our time on the planet, so this is actually a very strange ❶environment for us. We are in a strange world — even though it doesn't feel like that. Our bodies and our brains ❷adapted to a life on the ❸savanna, as ❹hunters and gatherers, and ❺biologically speaking, nothing has happened with the body and the brain for the last 10,000 years or 20,000 years. So that means that we are still hunters and gatherers, and if we want to understand our ❻physiology, the way our bodies work, and if we want to understand our ❼psychology, we have to start there, I think.

Just the Beginning 🔊 013

And that was ❽sort of the basic, the ❾starting point for ❿this book and my understanding of "Why is ⓫digital life so ⓬appealing to us?" Why can't we ⓭put the phone down? Why do we spend three, four,

そして知っておくべきとても大切だと思うことは、私たちの住んでいる世界は——車やコンピューター、安い食べ物があり、海外旅行ができて——それを当たり前だと感じていることです。それが私たちが見てきた唯一の世界だからです。

ですが人類がこのような生活を送ってきたのは、この惑星で私たち人類が過ごした時間のうちたった0.01%の間なので、実は私たちにとって今は非常に特異な環境なのです。私たちは特異な世界に存在しています——そのように感じないとしても。私たちの体、私たちの脳は、狩猟採集民族としてサバンナでの生活に適応し、生物学的に言うと、過去1万年か2万年の間、体と脳には何の変化も起きていません。それはつまり、私たちは今でも狩猟採集民族であることを意味していて、もし自分たちの生理機能、体の仕組みを理解したいと思うなら、そして心理を理解したいと思うなら、そこから始める必要があると思います。

始まりにすぎない

そういったことが根本でした、この本と、「なぜデジタルライフが私たちにとってこれほど魅力的なのか」ということへの理解の出発点となったのです。なぜ私たちはスマートフォンを置けないのでしょうか？　なぜ私たちは、3、4時間か今やそれ以上——

---

❶ **environment** 環境、周囲の状況

❷ **adapt to ~** ～に適応する、～に順応する

❸ **savanna** サバンナ ★熱帯雨林と砂漠の中間に分布し、背の高い草が生える熱帯草原。

❹ **hunters and gatherers** 狩猟者と採集者、狩猟採集民族

❺ **biologically speaking** 生物学的に言うと、生物学の観点からすると

❻ **physiology** 生理機能、生理学

❼ **psychology** 心理状態、心理学

❽ **sort of ~** いわば～、～のような

❾ **starting point for ~** ～の第一歩、～の原点

❿ **this book** ★ハンセン氏の著書『スマホ脳』のこと。p.58のKEY WORDS参照。

⓫ **digital life** デジタルライフ、デジタル技術を駆使して送る生活

⓬ **appealing** 魅力的な、好ましい

⓭ **put ~ down** ～を下に置く

⓮ **at least** 少なくとも

some, and now somewhere — teenagers, ^⑭at least — five or six hours ^⑮in front of screens? I wanted to understand that. What kind of ^⑯mechanisms is it that makes us so ^⑰vulnerable to this?

And those vulnerabilities have ^⑱been exploited by ^⑲a number of companies that makes[make] ^⑳tremendous amount of money, and these companies are now ^㉑shaping our world ^㉒in a way that we have never seen before. They are becoming society. They are becoming ^㉓infrastructure of society. They are changing the way we think, the way we're[we] receive information, the way we live our lives. And, of course, this is just not negative. You have to realize, of course, that digital life is helping us. It's making a lot of things easier. But it also has a lot of ^㉔downsides, a lot of ^㉕side effects. And I wanted to have a serious discussion about those side effects because what we have seen now is just the beginning. Smartphones are just the beginning.

少なくともティーンエイジャーたちは——5、6時間を画面の前で過ごしているのでしょうか？ 私はそれを理解したかったのです。私たちがこの（スマホの）中毒になりやすいのは、どのようなメカニズムが原因なのでしょうか？

そしてそうした弱みは、巨額の金をもうける多くの企業によって悪用されていて、これらの企業が今や、かつて見たこともないような方法で私たちの世界を形成しています。彼らが社会となりつつあるのです。社会のインフラになってきています。彼らは私たちの考え方、情報の受け取り方、生活の仕方を変えつつあります。もちろん、これは悪いことばかりではありません。当然ながら、デジタルライフが私たちを助けてくれていることは理解しなければいけません。いろんなことを楽にしてくれています。ですが、多くの否定的な側面、多くの副作用もあります。そうした副作用について真剣に議論したいと思ったのです、今私たちに見えているものはほんの始まりにすぎないからです。スマートフォンは始まりにすぎません。

⑮ **in front of ~** ～の前で、～の前に

⑯ **mechanism** メカニズム、仕組み、構造

⑰ **(be) vulnerable to ~** ～の影響を受けやすい ★vulnerableは「弱い、脆弱な」の意。2行下のvulnerabilityは名詞で「脆弱性、傷つきやすさ」の意。

⑱ **be exploited by ~** ～に悪用される、～に搾取される

⑲ **a number of ~** 多数の～

⑳ **tremendous** とてつもなく大きい ★ここでは正しくは a tremendous。

㉑ **shape** ～を形成する

㉒ **in a way that . . .** ……という方法で

㉓ **infrastructure** 社会基盤、インフラ ★ここでは正しくは the infrastructure。

㉔ **downside** 否定的側面、不都合な点

㉕ **side effect** 副作用、副次的影響

The Advantages of Paper　🔊 014

EJ: Is the ❶overuse of smartphones destroying our ability to think deeply about things?

Hansen: Yes, ❷absolutely. And, and I think that our ability to think deep and, are being challenged, at least, ❸in today's society, where we become more ❹superficial. A good example of that is that if you read on a paper and then you read the exact same thing on a screen, on a computer or a phone, then you will learn more if you read on a paper. You will learn more details and you will also ❺grasp the ❻big picture of what you're reading better. The differences are rather small, but if you ❼look at difficult stuff, if you want to read difficult stuff and really grasp something that is difficult, then the ❽advantages of paper is[are] bigger. You see that effect more clearly, then.

Increasing Differences　🔊 015

Now, you would expect that those differences should decrease ❾over time. We will learn how to use our digital tools so that, after ❿a couple of years, a screen is as good on,

紙の強み

EJ：スマートフォンの使い過ぎは、私たちの物事を深く考える能力を低下させているのでしょうか？

ハンセン：はい、確実に。私たちがより浅薄になる現代社会にあって、少なくとも私たちの熟考する能力は試されていると思います。その良い例として、何かについて紙面で読んで、それから全く同じものを画面で、コンピューターやスマートフォンで読んだら、紙面で読んだ場合の方がより多くを学びます。より詳細を得ますし、読んでいる内容の全体像をよりよく把握します。その差は比較的小さいですが、難しい内容のものを調べるとき、難しいものを読んで難しいことをしっかり理解したいときは、紙の方が強みは大きいです。その場合は効果がより明白になります。

広がる違い

さて、そのような差は、時間とともに小さくなっていくはずだと思いますよね。私たちはデジタル機器を使いこなせるようになり、数年後には画面も紙面と同じ効果が得られるようになるだろうと。何し

---

❶ **overuse** 過度の使用、使い過ぎること

❷ **absolutely** 絶対に、間違いなく

❸ **in today's society** 今日の世界において、現代社会で

❹ **superficial** 表面的な、浅はかな　★ p.63、9行目と13行目は、副詞の superficially（表面的に）が文法的に正しい。

❺ **grasp** 〜を把握する、〜を理解する

❻ **big picture** 全体像

❼ **look at 〜** 〜を調べる

❽ **advantage** 利点、強み、メリット

❾ **over time** 時間とともに、時がたつにつれて

❿ **a couple of 〜** 2、3の〜

⓫ **assume** 〜と想定する、〜と推測する

⓬ **compare A to B** AとBを比べる

⓭ **due to 〜** 〜が原因で、〜に起因して

⓮ **get used to 〜** 〜に慣れる

⓯ **speculation** 推論、臆測

as a paper. I mean, that would be natural to ⓫assume. But the exact opposite is actually the truth. These studies has[have] been made for 10, 15 years now in that, where you ⓬compare paper to screen, and you see that the paper is getting bigger and bigger and bigger advantages for every year that passes. And no one knows why this is. It could be ⓭due to the fact that we tend to read more superficial[superficially] on the screen, and then we have more and more and more and more screen time for every year that passes, we ⓮get used to reading even more superficial[superficially], so . . .

But that's ⓯speculation. We don't know why this is, but we do know that the advantages of paper ⓰versus screen is[are] actually increasing. And that's a very important thing to know if you're in a ⓱school setting, I think. If you're a teacher or a ⓲headmaster at a school, you have to look at this evidence before you ⓳implement digital ⓴pedagogical tools into the classroom.

ろ、そう推測するのが自然ですから。ですが真逆のことが、実際には正しいのです。これらの研究は既に10年、15年行われていて、紙面と画面を比べると、紙面のメリットの方が、年々大きくなっていることが分かります。なぜこうなるのか、誰も分かっていません。私たちが画面上だとより表面的に読む傾向があるという事実に起因しているかもしれません、そして私たちは年々、もっと、もっと、もっと、もっと画面を見る時間が増え、さらに表面的な読み方をすることに慣れてしまうんです、そして……。

ですがこれは推測です。なぜかは分かりませんが、画面に対する紙の強みが実際に増していることは間違いありません。そしてもしあなたが学校という環境にいるならば、それは知っておくべきとても重要なことだと思います。もしあなたが学校の先生か校長なら、教室にデジタル教材を導入する前に、この裏付けを見るべきです。

⓰ **versus** 〜に対して ★文法的にoverが正しい。advantage of A over B で、「AがBよりも優れている点」の意。

⓱ **school setting** 学校の環境

⓲ **headmaster** （小学校や中学校の）校長 ★イギリス英語。アメリカ英語ではprincipal。

⓳ **implement** 〜を実行する

⓴ **pedagogical tool** 教育手段 ★pedagogicalは「教育学の、教授法の」の意。

The Brain Loves "Maybe"   🔊 016

EJ: Would you say that the ①social media companies have been ②taking advantage of ③fundamental human ④traits?

Hansen: Absolutely. The biggest ⑤commodity in the world is human attention. And a number of companies have realized that they could ⑥hack this[these] attention systems. And what do I mean by that? Well, ⑦for instance, if the brain — we know not that, now that the brain rewards ⑧uncertain ⑨outcomes.

So, for instance, if you have a rat, and that rat hears a ⑩tone, and then the tone is followed by juice, fruit juice, and you ⑪look upon what's happening in the brain of this rat, you see that ⑫dopamine, which is a ⑬neurotransmitter in the brain that is important for our ⑭mood, but also for our ability to focus, dopamine increases when this rat hears the tone.

脳は「もしかして」を好む

EJ：ソーシャルメディアを運営する企業は、人間の基本的特性を利用してきたと言えますか？

ハンセン：まさにそうです。世界で最も取引されているのは、人間の注目です。多くの企業がこの注目の仕組みをうまく利用できることに気付いたのです。それはどういう意味でしょうか？　そう、例えば、もし脳が――今分かっているのは、脳は不確かな結果に報いる、ということなのです。

　そうですね、例えば、ネズミがいたとして、そのネズミがある音を聞きます、そしてその音の後にジュース、フルーツジュースが出てきます、このネズミの脳の中で何が起こっているのかを見てみると、脳内の神経伝達物質であるドーパミン、これは私たちの感情だけでなく集中力にも重要なものですが、ネズミがこの音を聞くとドーパミンが増えるのです。

---

① **social media** ソーシャルメディア ★インターネットを利用して誰でも手軽に情報の発信や、やりとりができるメディア。

② **take advantage of ~** ～をうまく利用する、～を活用する

③ **fundamental** 基礎的な、根本的な

④ **trait** 特性

⑤ **commodity** 商品、取引されている物

⑥ **hack** ～をうまくやり抜く、～をやり遂げる ★p. 66、11行目のhackは名詞で「こつ、アイデア、工夫」の意。

⑦ **for instance** 例えば

⑧ **uncertain** 不明確な、不確かな

⑨ **outcome** 成果、結果

⑩ **tone** 音、音調

⑪ **look upon ~** ～を見る、～を調べる

⑫ **dopamine** ドーパミン ★神経伝達物質の一つ。情動などをつかさどる。p. 58のKEY WORDS参照。

⑬ **neurotransmitter** 神経伝達物質

⑭ **mood** 気分、機嫌

And the tone [15]basically says to the rat: "You have to pay attention to this. Something [16]is about to come now — in this case, fruit juice." Now, if you have this tone followed by juice [17]in some cases — not every time, but perhaps 50 percent of this[the] time or so — then you see that dopamine rises even more.

So the brain loves "maybe." The brain rewards "maybe." The brain loves uncertain rewards. Why is that? Well, that's very difficult to say. But a probable reason is that most rewards in nature are [18]by definition [19]stochastic. You do not know whether you will find fruit in the tree that you climb up in, [20]etc. You do not know whether that hunt you're about to go on will be successful.

つまりこの音はネズミにこう言っています、「この音に気を配りなさい。もうすぐある物が来る——この場合はフルーツジュースが」と。そして、もしこの音の後にジュースが出てくることがあったら——毎回ではなく、50％かそこらの確率で——となると、ドーパミンがさらに増えるのです。

つまり、脳は「もしかして」を好みます。脳は「もしかして」に報いる。脳は不確かな報酬を好むのです。それはなぜか？　ええ、それを断言するのはとても難しいです。ですが、可能性の高い理由としては、自然界における報酬のほとんどは、定義上、確率論的なものだからです。登ってみた木で果物を見つけられるかどうかは分からない、ということだったり。これから行こうとしている狩りが、成功するかどうかは分からないのです。

[15] **basically** つまり、要するに

[16] **be about to do** ちょうど〜しようとしている

[17] **in some cases** 場合によっては、一部の例では

[18] **by definition** 定義上は

[19] **stochastic** 確率論的な、推計学的な

[20] **etc.** 〜など ★＝et cetera。

2.5 Billion ❶Test Subjects　🔊 017

So our brain loves uncertain rewards, and that has been exploited by ❷Facebook and ❸Instagram, for instance, because they have, if you put a, a picture on Instagram or Facebook, and your friends click on ❹"thumbs up" and hearts, then you do not get to see those thumbs up or hearts as they're being pushed by your friends. Facebook and Instagram keeps[keep] them, and then they ❺distribute them in a way that makes it more ❻tempting for you to come back. That's just one of many hacks that they have used.

And how have they ❼come up with all this, these things? Have they been smart? Well, they have been smart, of course, and they have used ❽behavioral scientists and ❾neuroscientists, but they have also been able to test. You know, they have 2.5 billion customers — even more so now — and they could look at all these ❿gigantic amounts of data and figure out the small patterns in the way that we function and realize that this is how we should distribute our likes, this is how we should distribute our pictures, this is how we should put ⓫advertising

25億人の被験者

ですから私たちの脳は、不確かな報酬を大変好み、それが、例えば Facebook や Instagram などにうまく利用されているのです、なぜならそれらには、Instagram や Facebook に写真を上げて、友達が「いいね！」をクリックしたとしても、友達がいいねを押すのと同時にそれらが反映されることはありません。Facebook や Instagram はそれらを一度保留にしておいて、あなたが一層戻ってきたくなるような方法で、それらを配布します。それは彼らが用いてきた多くの工夫の中の一つなのです。

彼らはどうやってこのようなことを思い付いたのか？　彼らは賢かったのでしょうか？　まあ、彼らは賢かった、当然ながら、そして彼らは行動科学者や神経科学者を使ったのですが、それだけではなく、彼らは実験することもできたのです。いいですか、彼らには 25 億人の顧客がいて——今ではさらに増えていますが——彼らはこれらの膨大な量のデータを全て調べて、私たちがどう機能しているのかという小さなパターンを理解し、いいねをどう配布すべきか、画像をどう配布すべきか、とても多くの人たちの注意を引くために、自分たちのプロダクトにどのように広告を入れたらいいかを、把握することがで

---

❶ **test subject** 被験者

❷ **Facebook** ★2004 年にアメリカの学生向けとして開始された SNS。

❸ **Instagram** ★アメリカの写真・動画共有サービス。2010 年開始。

❹ **"thumbs up" and hearts** いいね！★thumbs up は親指を立てるしぐさ、hearts はハートマークのことで、それぞれ Facebook

と Instagram で承認・共感などを表す「いいね！」を指している。

❺ **distribute** ～を配る、～を配布する

❻ **tempting** 心をそそる、魅力的な

❼ **come up with ~** ～を考え付く、～を思い付く

❽ **behavioral scientist** 行動科学者

❾ **neuroscientist** 神経科学者

❿ **gigantic** 巨大な、膨大な

⓫ **advertising** 広告

⓬ **move backwards** 後退する ★2 行下の move forward は「進化する、前進する」の意。

⓭ **let go of ~** ～を手放す、～を諦める

66

in our product to make it very, very, uh, to get people's attention.

Which Should Adapt to Which? ◀》 018

EJ: So, of course we can't [12]move backwards and [13]let go of all these technologies. So as technology keeps moving forward, where will we as [14]human beings [15]end up?

Hansen: Yeah, that's a great question. And I think that's, it's [16]up to us.

EJ: I see.

Hansen: History is not [17]deterministic. As you said, there's no way back. And our smartphones are just the beginning. We will see more and more and more and more [18]invasive technologies, and technologies would[will] affect us in ways that we can't even [19]comprehend right now. But it's up to us to decide what to do with that. And that's why we need to have this discussion. We should not adapt to technology. Technology should adapt to us.

きるのです。

どちらがどちらに適応すべきか

EJ：さて、当然、私たちは逆戻りしてこれらのテクノロジー全てを手放すわけにはいきません。では、テクノロジーが進歩し続けるにつれ、私たち人間は最終的にどこに行き着くのでしょうか？

ハンセン：はい、それは素晴らしい質問です。私は私たち次第だと考えています。

EJ：なるほど。

ハンセン：歴史は決定論的ではありません。おっしゃるとおり、どうやっても後戻りはできません。そして私たちのスマートフォンは、始まりにすぎません。今後、もっと、もっと、もっと、もっと、（プライバシーに）侵略してくるテクノロジーが出てきますし、今の時点では全く理解すらできない方法で、テクノロジーは私たちに影響を与えるでしょう。ですが、それをどう扱うかを決めるのは、私たち次第です。だからこそ、私たちはこの議論をする必要があるのです。私たちがテクノロジーに適応するべきではない。テクノロジーが私たちに適応すべきなのです。

---

[14] **human being** 人間

[15] **end up ~** 最終的に～に行き着く、結局 ～になる

[16] **up to ~** ～次第、～による

[17] **deterministic** 決定論的な

[18] **invasive** 侵略的な

[19] **comprehend** ～を理解する

Getting the Best of It 🔊 019

I mean, for instance, data shows that 70 percent of all of the showed ❶YouTube videos comes from ❷recommendations. And if you search on "diet," on ❸Google or YouTube, and it sometimes ❹shows up ❺anorexia videos. Well, why is that? Is that because Google and YouTube are evil? No. That's because anorexia videos ❻grab your attention. The ❼end game has always been to get people's attention.

And now we realize that you see a lot of side effects from that. You see that ❽conspiracy theories are being spread because the easiest way to get our attention is to make us angry and, or to make us afraid, or to give us information that we already ❾believe in.

And no one decided this. This is just the way ❿human nature works. And when you have this[these] ⓫AI systems deciding, "OK. What should I show them to get their attention?" and then ⓬it turns out that it becomes this stuff, and then you have teenagers ⓭exposed to anorexia videos, people are exposed to conspiracy theories, and they even ⓮storm the Congress. You have all these side

良い点だけを取り入れる

　例えば、あるデータによると、再生された全YouTube動画の70%が、おすすめからの流入によるものです。GoogleやYouTubeで「ダイエット」と検索すると、時として拒食症の動画が出てくるのです。それはなぜでしょうか？　それはGoogleやYouTubeが邪悪だからでしょうか？　違います。それは、拒食症の動画が、人の興味を引くからです。最終目的はいつだって、人々の注目を集めることなんです。

　今では、私たちはそれによって引き起こされる、多くの副作用があることに気付いています。陰謀論が拡散されているのは、私たちの注意を引き付ける一番簡単な方法が、私たちを怒らせたり、怖がらせたり、既に信じている情報を与えることだからです。

　そして、これは誰かが決めたことではありません。これはただ、人間のさがなのです。そしてこれらの人工知能システムが「オーケー。注意を引くために、何を見せればいいかな？」と判断して、結果的にこうしたものになってしまい、ティーンエイジャーたちが拒食症の動画に触れさせられ、人々は陰謀論にさらされ、ついには連邦議会までも攻撃してしまうのです。こうしたあらゆる副作用が現れてきているので、どうにかして対処する必要があります。

---

❶ **YouTube** ★アメリカのオンライン動画共有プラットフォーム。2005年開始。

❷ **recommendation** おすすめのもの

❸ **Google** ★アメリカのインターネット企業。1998年設立。2006年にYouTubeを買収した。

❹ **show up** ～を見えるようにする、～を目立たせる

❺ **anorexia** 拒食症

❻ **grab one's attention** ～の注意を引く

❼ **end game** 大詰め、終局 ★ここでは「最終目的」という意味で使っているものと思われる。

❽ **conspiracy theory** 陰謀説、陰謀論 ★ある事柄に関して、他にもっともらしい説明

があるにもかかわらず、陰謀や策略が関与していると考えるもの。

❾ **believe in ~** ～の存在を信じる

❿ **human nature** 人間性

⓫ **AI system** AIシステム、人工知能システム ★AI＝artificial intelligence.

⓬ **it turns out that . . .** 結局……になる、

effects [15]popping up, and then you have to do something about that.

So, to answer your question, it's really, it's up to us. And that's why we need to have this discussion in a [16]nuanced way and not just say, "The [17]digitalization is the future. There's nothing we can do about that; we just have to adapt." No, we should not adapt. We should discuss and get the best of it.

Interviewed by Kazumoto Ohno

さて、あなたの質問に答えると、それは本当に、私たち次第です。だからこそ、さまざまなことを加味しながらこの議論をする必要があるのです、ただ「デジタル化が未来だ。それについて私たちができることは何もない、私たちはただ適応するだけだ」と言うのではなく。いいえ、私たちが適応するべきではない。話し合って、最良のことだけを享受すべきなのです。

（訳：春日聡子）

……ということが分かる

⓭ **expose A to B** AをBに触れさせる、AをBにさらす

⓮ **storm the Congress** 連邦議会を襲撃する　★2021年1月6日にアメリカで起こった事件。p.58のKEY WORDS参照。

⓯ **pop up** （不意に）現れる、出現する

⓰ **nuanced** 特別な意味合いを持つ、さまざまなニュアンスを含む

⓱ **digitalization** デジタル化

AFTER LISTENING 聞いた後に

内容理解クイズで、どれくらい聞き取れたかを確認します。
次にディクテーションとシャドーイングに取り組み、リスニング力とスピーキング力を鍛えましょう。

❓ TRUE/FALSE REVIEW 内容理解クイズ

インタビューの内容と合っていればT (True) を、違っていればF (False) を選んでください。間違っていたら、解答と日本語訳をしっかり確認しましょう。

[解答と日本語訳] p. 71

1 According to Anders Hansen, a lot has changed biologically in our bodies and brains over the last 20,000 years.

[T / F]

2 Hansen mentions that you will learn more if you read something on a screen or computer rather than reading it on paper.

[T / F]

3 According to Hansen, the biggest commodity in the world is human attention.

[T / F]

4 Hansen says that we should adapt to technology, as there is nothing we can do about digitalization.

[T / F]

✏️ DICTATION ディクテーション 🔊020

音声を聞き、下の欄に書き取りましょう。手順はp. 5参照。

[解答] p. 60、10〜15行目

> Our
>
> years.

DICTATION GUIDE ＞ スピードは速くないので「狩猟採集民族としてサバンナでの生活に適用し」という箇所がつかめると、全体の意味も理解しやすいでしょう。後半は現在完了の時制、数字（年数）を正しく聞き取るよう注意を向けてください。

TRUE/FALSE REVIEW 解答

1 False
アンデシュ・ハンセンによると、生物学的には過去2万年の間に私たちの体や脳で多くのことが変化している。[該当箇所] TRACK 012

2 False
ハンセンは、紙で読むよりもむしろ画面やコンピューターで読む方が、より多くを学べると述べている。[該当箇所] TRACK 014

3 True
ハンセンによると、世界で最も取引されているものは人々の注目である。[該当箇所] TRACK 016

4 False
ハンセンは、私たちがデジタル化についてできることは何もないので、テクノロジーに適応するしかないと言っている。
[該当箇所] TRACK 018 / 019

次の部分をシャドーイングして、聞き取る力と同時に話す力も鍛えましょう。
手順はp.5 参照。

[抜粋箇所] p. 68、11〜15行目

> You see that conspiracy theories are being spread because the easiest way to get our attention is to make us angry and, or to make us afraid, or to give us information that we already believe in.

SHADOWING >
GUIDE
conspiracy theories（陰謀説）は racy と th の発音に注意してください。長い1文ですが意味の固まりごとにポーズが置かれているので、しっかりついていきましょう。to make us angry（私たちを怒らせる）、to make us afraid（私たちを怖がらせる）は両フレーズとも一息で言い切るのがポイントです。

難易度
level 3
★★★★★

🔊 022

INTERVIEW PLAYBACK 2

Lynda Gratton

リンダ・グラットン

ロンドン・ビジネススクール教授

DATA
取材日：2017年3月28日
インタビュアー：大野和基
掲載号：2017年8月号

人生100年時代と言われる昨今、個々の生き方も変えていかざるを得ません。では具体的にはどう変えていけばいいのか。著書『100年時代の人生戦略』で世界に貴重な提言をしたリンダ・グラットン氏が、そのヒントを教えてくれています。

> # Friendships, peer groups, networks, these are all very important to a 100-year life.

——友人関係、仲間集団、ネットワーク、これら全部が100年の人生に、とても重要になってきます

『LIFE SHIFT（ライフ・シフト）：
100 年時代の人生戦略』

リンダ・グラットン、アンドリュー・スコット共著／池村千秋 訳／東洋経済新報社／1800 円＋税
「未来の働き方」を提示してベストセラーとなった『ワーク・シフト』（2012）の著者が、「寿命100年時代」の新たな人生設計について提言する。

「人生100年時代」に求められる
新たな生き方と学び方

　いま20歳の日本人は、半分以上が100歳まで生きる——と言うと、驚く人が多いかもしれない。しかし、リンダ・グラットンさんによれば、その可能性は十分にあるらしい。リンダさんは、同僚のアンドリュー・スコット教授と一緒に書いた『ライフ・シフト』で、100 歳以上生きることが当たり前になる時代に、私たちが生き方をどう変えるべきかに光を当てた。

　人生100年時代には、生き方も学び方も変わるし、就職や結婚も変わる。高齢まで働くために新しいスキルを習得し続けなくてはならないし、長い人生を乗り切るために、人的ネットワークとプライベートな人間関係を充実させることも不可欠だ。社会や経済の変化に合わせて生涯に何度も「変身」する必要が出てくるだろうが、それは一生の間にさまざまな経験をするチャンスが広がることも意味する。

　いずれにせよ、今後ますます重要になってくるのは、自分で考えて自分で人生を選択すること。読者にそのための案内図を与えたいと考えて、リンダさんはこの本を書いた。この思いは、2012年に邦訳が刊行された著書『ワーク・シフト』（邦訳・プレジデント社）から一貫している。

　「100年ライフ」の到来が恩恵になるか厄災になるかは、私たち一人ひとりが、そして企業や政府、社会が変われるかどうかにかかっている。世界屈指の「高齢化先進国」である日本は、この点で世界のお手本になれるはずと、リンダさんは期待を寄せている。

池村千秋（翻訳家）

Lynda Gratton
リンダ・グラットン（ロンドン・ビジ
ネススクール教授）

1955年、イギリス、リバプール生まれ。リ
バプール大学で、心理学の博士号を取得。
経営組織理論、人材論の世界的権威。英
タイムズ紙による「世界のトップビジネス思
想家15人」や英エコノミスト誌の「仕事の
未来を予測する識者トップ200人」に選出
される。著書『ワーク・シフト』は日本で
2013年ビジネス書大賞を受賞。著書
『LIFE SHIFT（ライフ・シフト）』では、世
界的に長寿化が進む中、人生100年時代
の生き方の設計を提言している。

BEFORE LISTENING 聞く前に

事前に音声の特徴や、リスニングのポイントを確認しておくと、聞き取りやすくなります。

INFORMATION 音声の特徴

形式：1対1のインタビュー　難易度：level 3 ★★★★★　速さ：標準

話し方・特徴
英国式の発音で、retirement や observer のような語中・語末で r 独特の音色が入らない。テンポが頻繁に変わり、主要な説明や意見はゆっくり述べ、挿入句的に補足する事柄はスピードアップする傾向にある。

※本インタビューの音声には、周囲の雑音が含まれています。ご了承ください。

📖 CONTEXT インタビューの背景

　リンダ・グラットン氏は、心理学の博士号を持つ、ロンドン・ビジネススクールの教授です。2016年に刊行された著書『LIFE SHIFT（ライフ・シフト）——100年時代の人生戦略』（東洋経済新報社）では、長寿社会を生き抜くためには「教育」➡「仕事」➡「引退」という人生設計では立ち行かなくなると説き、さらに、これからの長い人生を乗り切るためには「生産力」「活力」「変わる能力」が必要だと主張しています。ここに掲載するインタビューでは、この3つの要素を氏は無形資産と呼び、日本の例を引きながら、さらに深く解説しています。変わりゆく社会に適応していかざるを得ない私たちにとって貴重なヒントとなる提言に、耳を傾けてみませんか。

🔑 KEY WORDS 理解のためのキーワード

professional service firm
プロフェッショナル（・サービス）・ファーム

弁護士事務所、会計事務所、コンサルティング会社など、専門的なサービスを提供する会社のこと。

Deloitte (Touche Tohmatsu Limited)
デロイト（トウシュ トーマツ）

アメリカ、ニューヨークに本部を置く、世界四大会計事務所の一つ。インタビューでは Deloittes と言っているが、正しくは Deloitte。

PwC ＝ PricewaterhouseCoopers
プライスウォーターハウスクーパース

イギリス、ロンドンに本部を置く、世界四大会計事務所の一つ。

▶ NOW LISTEN!

Two Big Messages　🔊 0 2 3

EJ: In your book ❶*The 100-Year Life*, you give us a lot of good advice. But what would you say is your main message?

Lynda Gratton: Yeah. Well, I think, you know, there was two things that ❷came out of *The 100-Year Life*. And, of course, now that, ❸we finished writing it two years ago, so we're now looking back at it. So we're asking ourselves, you know, what were the big messages? And I think there were two big messages that came out. The first was that the idea of a three-stage life — full-time work, sorry, full-time education, full-time work, full-time ❹retirement — isn't going to stay, and we have to move to ❺multistage lives. And that has a huge set of ❻implications.

2つの大きなメッセージ

EJ：ご著書、『LIFE SHIFT』の中で、あなたは多くの良い助言を私たちに与えてくださっています。ですが、（その中でも）主たるメッセージは、何だとお考えですか？

リンダ・グラットン：はい。そうですね、『LIFE SHIFT』からは、2つのことが出てきたと思っています。そして、もちろん、本を書き上げた今、2年前に書き終えたのですが、今になって振り返っています。それで、大きなメッセージは何だったのか、自分たちに問い掛けています。そしてその結果、2つの大きなメッセージが出てきたと考えています。一つ目は、3段階構造の人生設計である、フルタイムの「仕事」、失礼、フルタイムの「教育」、フルタイムの「仕事」、フルタイムの「引退」という考え方は、この先続かないでしょうから、われわれは多段階構造の人生設計へと移行する必要がある、ということです。そしてそれには、一連の大変多くの影響が伴います。

---

❶ ***The 100-Year Life(: Living and Working in an Age of Longevity)*** 『LIFE SHIFT（ライフ・シフト）―100年時代の人生戦略』 ★ (2016) リンダ・グラットン、アンドリュー・スコット共著。池村千秋訳。人生100年時代を迎えるに当たり、われわれはどのような生き方を設計するべきか、ビジネス思想家による新たな提言の書。

❷ **come out of ~** 〜から出てくる、〜から現れる

❸ **we** ★グラットン自身と、共著者のアンドリュー・スコットを指す。

❹ **retirement** 退職後の生活、引退 ★ p. 78、7行目のretireは動詞で「引退する」の意。

❺ **multistage** 多段式の、多段階の

❻ **implication** 影響、（論理的に）推測されること、引き起こされるであろう結果

The second thing I think that came out was — but it was picked up ❶much less by the press — was this question of ❷tangible and ❸intangible ❹assets, that, actually, in a ❺relatively short life, what you're trying to do is to ❻accumulate financial assets to allow you to retire for that third stage. But when you ❼extend life, then you have to build the assets that help you to work longer. And those are things like ❽productivity, they're things like ❾vitality and ❿transformation.

So, I think those were the two really big ⓫insights from, from the book. And also from talking to the, er, to people, because, of course, the book has now ⓬been out and has gone, been translated into many languages, so we've been talking to people all over the world about it. And those are the two messages, I think, that most ⓭resonate.

Social Capital   🔊 024

EJ: You talk a lot about intangible assets. Could you tell us why they are so ⓮significant?

二つ目に出てきたと思うのが——こちらはメディアに取り上げられることがずっと少なかったのですが——この有形および無形資産という問題で、実は比較的短い人生では、人は第3のステージで引退できるよう、金融資産を蓄積しようとします。ですが、寿命が延びた場合には、より長く働くことを助けてくれるような資産を築かなくてはいけません。そしてそれらは、「生産性」、「活力」、そして「変わる能力」、といったようなものです。

ですから、それらが本書から出てきた、本当に大きな2つの見識だったと思います。そして、人々と話す中で生まれた見識でもあって、なぜなら、もちろん本書はもう出版されていますし、多くの言語に翻訳されましたから、私たちは世界中の人々と、このことについて話してきました。その上で、これら2つのメッセージが、最も響いたものだったようです。

社会資本

EJ：無形資産について、よく話していらっしゃいますね。それらがなぜ、それほど重要なのか、教えていただけますか？

---

❶ **much less** ずっと少なく

❷ **tangible** 有形の、具体的な

❸ **intangible** 無形の、実態のない

❹ **asset** 資産

❺ **relatively** 相対的に、比較的

❻ **accumulate** ～を蓄積する、～をためる

❼ **extend** ～を伸ばす、～を延長する

❽ **productivity** 生産性、生産力 ★ p.79、12行目の productive は形容詞で「生産性の高い」の意。

❾ **vitality** 活力、バイタリティー

❿ **transformation** 変化、転換、変革 ★ p. 80、2行目の transformational は形容詞で「変化の、転換の」の意。

⓫ **insight** 洞察、見識

⓬ **be out** 公表される、出版される

⓭ **resonate** 共鳴する、反響する

⓮ **significant** 重要な、重大な意味を持つ

⓯ **sociologist** 社会学者

⓰ **social capital** 社会資本、ソーシャル・

Gratton: Well, one of the interesting factors about the intangible assets is how important relationships are. And it's what [15]sociologists call [16]social capital. So, we've known [17]for some time that social capital is important for people's health and so on. But what we [18]realised when we looked more deeply at the three types of intangible assets — productivity, vitality and transformation assets — what we realised is that each one of those has an [19]element of social capital. [20]In the sense that, you know, to be productive you need to form relationships with people who can [21]mentor you, can coach you, but can also be, people to talk to.

Vitality, you know, people — and we know this very well from Japan — you know, part of the reason why Japanese people [22]live so long is because they have friendships in their communities. You know, your older people still live in communities which are based on friendships.

グラットン：そうですね、無形資産にまつわる興味深い要素の一つとして、人間関係の重要さがあります。そしてそれは、社会学者が言うところの、「社会資本」です。人々の健康などにとって、社会資本が重要なものだということは、だいぶ前からわかっていました。でも、3種類の無形資産——生産性、活力、そして変わる能力という資産ですね——を、より深く見つめることで気付いたのは、これら一つひとつに、社会資本の要素が存在する、ということでした。生産的になるためには、あなたを導いてくれる、指導してくれる人だけではなく、話ができる人と、関係を築かなくてはいけない、といった意味において。

活力に関してですが——これは日本の事例でよく知られていて——日本人が長生きできる理由の一つに、地域社会の中に友人関係がある、ということが挙げられます。日本では、今でも年配の方々が、友人関係に基づく社会に暮らしています。

キャピタル　★経済的な資本ではなく、人間関係や信頼関係のことを指す。

[17] **for some time**　しばらくの間

[18] **realise**　～を悟る、～をはっきり理解する
★イギリス式つづり。アメリカ式ではrealize。

[19] **element**　要素、要因

[20] **in the sense that ~**　～という意味では

[21] **mentor**　（指導者として）～を導く、～に助言する

[22] **live long**　長生きする

And finally, you know, if you look at transformational assets, the capacity to form ❶diverse networks, to have different types of people as friends, comes out to be very important. So, actually, you know, friendships, ❷peer groups, networks, these are all very important to a 100-year life.

Japan, an Unusual Country 🔊 0 2 5

EJ: As you know, ❸overwork is a real problem here in Japan. What do you think about this situation?

Gratton: Well, I think, of course, I'm not Japanese, so it's very difficult for me to comment on somebody else's country. But as an ❹observer of Japanese companies, what's happened is that — this is my analysis of it — when Japan needed to ❺rebuild after ❻the Second World War, it, the you decided to, it, the country decided to do that through corporations. As ❼indeed did America and, and, and Europe, they built corporations, some of the world's greatest companies. And this was a time when working very long hours and very hard was the way that those companies were built.

そして最後に、変わる能力という資産を見ますと、多様なネットワークを構築する能力、異なるタイプの人を友人として持つ能力は、とても重要になってきます。ですから実は、友人関係、仲間集団、ネットワーク、これら全部が100年の人生に、とても重要になってきます。

類まれな国、日本

EJ：ご存じのとおり、働き過ぎは、ここ日本で深刻な問題になっています。この状況については、どうお考えですか？

グラットン：そうですね、もちろん私は日本人ではないので、他の方の国について言及するのは、私にとって難しいことです。ですが、日本企業を観察する者としては、何が起こったかと言いますと——私の分析は、次のとおりです——第2次世界大戦後、日本が再建されるに当たって、この国は企業を通じてそれをしようとしました。実はアメリカ、そしてヨーロッパも同様にそうしたのですが、企業を作り、中には世界で名だたる企業となったものもありました。そしてそれは、（従業員が）とても長い時間、一生懸命に働くという方法により、これらの企業が築かれた時代だったのです。

---

❶**diverse** 多様な

❷**peer group** 仲間集団、同輩集団 ★peerは「仲間、（立場や年齢などが）同等の人」の意。

❸**overwork** 働き過ぎ、過労

❹**observer** 観察者、オブザーバー

❺**rebuild** 再建する、再構築する

❻**the Second World War** 第2次世界大戦 ★（1939-1945）。World War IIとも呼ばれる。

❼**indeed** 本当に、確かに、実際は

❽**every single minute of the day** 一日のどの瞬間も、四六時中

❾**in terms of ~** ～に関して、～の観点では

❿**connectivity** 接続性、つながっていること

⓫**address** ～に取り組む

⓬**working practice** 業務慣例、労働慣行 ★ここでのpracticeは「習慣、慣例」の意。

⓭**attitude** 態度、考え方

But we now work in a global world, which means everybody could work [8]every single minute of the day. There's already, always something to do, [9]in terms of [10]connectivity. And at the same time, we have technology that means people don't have to work these very long hours. And they're going to be working until they're 80.

So, this is a problem in Japan, and I think that your government knows that very well and is trying to [11]address it. But certainly, Japan is unusual now in the developed world, both in terms of its [12]working practices and in terms of its [13]attitude to women. That really, those two factors make it unusual [14]compared to America or European [15]companies. And that's an important, you know, it's important to realise that.

Time Out

🔊 026

EJ: One of the intangible assets is the ability to change [16]constantly. But isn't it [17]a tall order to learn new skills while continuing what you are already doing?

ですが現在では、私たちはグローバルな世界で働いていて、それはつまり、誰もが、働こうと思えば一日24時間働くことができる、ということです。つながっている、という意味では、すでに、常に何かしらやることはあります。そしてそれと同時に、私たちにはテクノロジーがあり、今までのように長時間働く必要はないわけです。さらに、みんな80歳になるまで、働き続けることになります。

ですから、これは日本において一つの問題ですが、日本の政府はそれをよく理解していて、取り組もうとしていると思います。でも確かに、日本は今や先進国の中ではまれな国となっています。その労働慣行、そして、女性に対する考え方という両方の点で。実際にそれら2つの要因により、アメリカ、もしくはヨーロッパの企業と比べて、まれな国に位置付けられています。そしてそれは重要なこと、それを認識するのは、重要なことだと思うのです。

小休止

EJ：無形資産の一つに、常に変わり続ける能力があります。しかし、すでにやっていることを続けながら、新たなスキルを学ぶというのは、なかなか難しい注文ではないですか？

---

[14] **compared to ~** ～と比較して、～と比べると

[15] **companies** ★正しくはcountriesと言うべきところ。

[16] **constantly** いつも、常に

[17] **a tall order** 無理難題、難しい注文

Gratton: Yeah, I think that's right. I'm reading and writing a lot about learning at the moment. How do people learn? And there's no question that the new technologies that are being developed help us to learn. So, actually, you can learn things in five minutes. But you can't learn everything in five minutes. [1]Similarly, you can learn things in a weekend, but not everything.

We need to be [2]taking time out. And the way to do that is simply to rea—it's, it's simply an issue of [3]reallocation of time. So, this reallocation of time is important. You know, how do you reallocate time simply from the end of life and reallocate it [4]right the way through? In a sense, you take a bit of your retirement and you put, you reallocate it.

The [5]Reentry Practice　　🔊 **0 2 7**

EJ: Don't you think it [6]takes a lot of courage to quit what you are doing to learn these new skills?

グラットン：そうですね、そのとおりだと思います。私は現在、学ぶということに関して、たくさん読んだり書いたりしています。人はどうやって学ぶのでしょう？　そして間違いなく、今も開発されている新たなテクノロジーは、私たちの学びを助けてくれます。ですから、実は、5分もあれば何かを学ぶことはできるのです。でも、5分では学べないこともあります。同様に、週末で学べるものもありますが、週末では学べないこともあります。

私たちは、小休止を取る必要があります。そしてその方法とは、単に、それは単に、時間の配分を変更するという問題なのです。ですから、この時間の配分を変更することは重要です。いいですか、単純に人生の終わり（にできるであろう時間）から、時間を人生（の各年代）を通して配分し直すにはどうすればいいのか。ある意味、自分の定年後の時間を少し取って、配分し直すのです。

再入社慣行

EJ： 今やっていることをやめて、こうした新たなスキルを学ぶのは、とても勇気が要ることではありませんか？

---

❶ **similarly** 同様に、同じように

❷ **take time out** 小休止する、時間を取る

❸ **reallocation** 配分の変更　★2行下のreallocateは動詞で「～を配分し直す」の意。

❹ **right the way through** 初めから終わりまで

❺ **reentry** 再び入ること、再入場　★p.83 下から2行目のre-enterは動詞で「再び入る」の意。

❻ **take a lot of courage** かなりの勇気を必要とする

❼ **get back in** 戻って来る

❽ **corporate practice** 企業活動

❾ **go off** 立ち去る

❿ **professional service firm** プロフェッショナル（・サービス）・ファーム　★➡p. 76のKEY WORDS参照。

⓫ **Deloitte (Touche Tohmatsu Limited)** デロイト（トウシュ トーマツ）★➡p. 76のKEY WORDS参照。

⓬ **PwC** プライスウォーターハウスクーパース

Gratton: Yeah. Well, I think that's a really important question because one of the reasons why people don't quit is because they think there's no way back — "I can't ❼get back in." And so in terms of ❽corporate practices, one of the practices that we've been looking at is wh— the reentry practice. I mean, is it possible for corporations to allow you to ❾go off and then allow you to come back?

Now, they do that with women who have children, so why don't they do that with men as well? So, I think you will see, maybe not Japanese, won't be leading this, but I think other companies — you know, for example, the ❿professional service firms, ⓫Deloittes, ⓬PwC — they're all looking at how do we have practices which allow people to reenter — the reentry practices, as I would call them.

グラットン：ええ。そうですね、それは本当に大事な質問だと思います。というのも、人々が（今やっていることを）やめない理由の一つは、元に戻れない、と思うからです。「戻って来られない」と。ですから、企業慣行という観点で、私たちが注目してきた慣行の一つが、再入社に関する慣行です。つまり、従業員の退職を許可し、その後戻ってくるのを許可することは、企業にとって可能か？（という問題です。）

さて、子どもを産む女性に関して企業はそうしているわけですから、なぜ同様に男性にもできないのでしょうか？ ですから、今後出てくることになると思います、日本人がこれを率先して行うことはないかもしれませんが、他の企業——そう、例えばプロフェッショナル・サービス・ファーム、デロイトやPwCなど、彼らは、従業員の再入社を可能にする慣行を実現する方法を模索していて、私はそれを「再入社慣行」と呼んでいます。

★➡p. 76のKEY WORDS参照。

Advantages of ❶Dual Careers 🔊 028

EJ: Many people say that they cannot quit their job because they need to feed their family. But you'd say the answer to that is dual careers?

Gratton: Yeah, I mean interestingly enough, when we ❷looked at ❸long lives, one of the best ways of living a long life is to have two people working.

EJ: Oh.

Gratton: Yeah. Because if you have two people working, then, you know, you can manage between ❹yourself. You can almost ❺treat the two of you as one person, as it were . . .

EJ: Oh, I see!

Gratton: . . . and actually have a ❻sequence where one person works, one person . . . But to do that, two people have to work.

Now, Japan has the lowest rate of ❼female participation of pretty much any developed

共働きのメリット

EJ： 多くの人が、自分は家族を養わなくてはならないから、仕事を辞めることができないと言います。ですが、あなたはそれに対する答えは、共働きだ、とおっしゃっていますね？

グラットン： そうです、何しろ、興味深いことに、長寿について調べてみると、長い人生を生きるための、最も良い方法の一つが、2人で働く、ということだったのです。

EJ： そうですか。

グラットン： ええ。なぜなら、2人で働けば、お互いに調整できるからです。ほとんど、2人を1人として捉えることもできますし、言ってみれば……

EJ： ああ、なるほど！

グラットン： ……そしてある時期は1人が働き、1人は、（働かない）ということも、実際に可能になります。でもそうするには、2人とも働く必要があります。
　さて、日本の女性就労率は、世界中のほぼすべての先進国の中で最も低く、それは日本の抱える問題

---

❶ **dual careers** 共働き、二つの仕事

❷ **look at ~** ～を調べる、～について考える ★p. 80、1行目のlook at ~は、「～を見る、～に注目する」。

❸ **long life** 長寿、長命

❹ **yourself** ★正しくはyourselves。

❺ **treat A as B** AをBとして扱う

❻ **sequence** 連続、（映画などの）一連の場面、（物語などの）一コマ

❼ **female participation** 女性の参加率 ★ここでは「女性の労働参加率、女性の就労率」を指している。

❽ **obviously** 明らかに ★p. 87、下から9行目のobviousは形容詞で「明らかな」。

❾ **put pressure on ~** ～にプレッシャーを

かける、～を圧迫する

❿ **enormous** 莫大な、膨大な

⓫ **breadwinner** 一家の稼ぎ手、大黒柱

⓬ **anxiety** 心配、不安、懸念 ★p. 86、9行目のanxiousは形容詞で「心配な、気掛かりな」の意。

⓭ **disappoint** ～を失望させる、～の期待

country in the world, so that's a problem in Japan. And what it means is that it puts, this is [8]obviously a very bad thing, and I'm very happy to say this in this interview. Um, and it's a bad thing for two reasons. First of all, it [9]puts an [10]enormous pressure on men. I mean, I would not like to be in a situation where I'm the only person earning money in my family.

EJ: [11]Breadwinner.

Disadvantages of Only Breadwinner

🔊029

Gratton: Yeah, the only breadwinner. So I think it puts a lot of pressure on men. And I think some of the [12]anxiety that we see in Japan on the part of men working is 'cause they're the only breadwinner. So that's the first problem.

The second problem is that it also [13]disappoints women because working, good work, is one of the wonderful things of life. You know, think of the day that we're having today. This is work. You're working, I'm working.

の一つです。そして、それは何を意味するかというと、これは明らかにとても悪いことだということで、このインタビューで言及できて、とてもうれしく思います。なぜ悪いかというと、理由は2つあります。まず、男性にとてつもないプレッシャーをかける、ということです。だって私なら、自分が家族で唯一お金を稼いでいる人間、という状況にはなりたくないですから。

EJ：大黒柱ですね。ハハハ。

大黒柱が1人のデメリット

グラットン：そうです、唯一の大黒柱です。ですから、それは男性に多大なプレッシャーを与えると思います。そして、日本の働く男性に見られる不安のいくつかは、彼らが唯一の稼ぎ手だということに起因していると思います。ですから、それが最初の問題です。

二つ目の問題は、女性の側にも失望を与えるということです。なぜなら、働くこと、良い仕事は、人生において素晴らしいことの一つだからです。私たちが過ごしている今日という日を考えてみてください。これが仕事です。あなたは働いています。私も働いています。

を裏切る

So, we are taking away the opportunity from women to experience good work. And that means that women ❶get frustrated. And when they get frustrated, they're unhappy in their marriage. And if they're unhappy in their marriage, their husbands don't come home.

So, ❷you see, part of the cycle that Japan is in is that the men are working really long and are very anxious, the women are frustrated and unhappy, and that makes for very unhappy marriages, which is why you're seeing such low marriage rates in Japan right now. Women are not — you know this very well — women are not getting married, and they're not having children. Because actually the ❸deal isn't a very good deal.

The deal between the man and the woman isn't working in Japan. And part of the deal not working is that men are under such pressure. And I think the biggest ❹losers for women not working in Japan are men — not women, they're men — because you, as the ❺sole breadwinner, have got to say to yourself, "I will support this whole family until they're all 100 years old."

ですから私たちは、女性から、良い仕事というものを体験する機会を奪っているのです。それはすなわち、女性がいら立ちを覚えることを意味します。そしていらいらすると、女性は結婚生活にも不満になります。そして女性が結婚生活に不満だと、夫たちは家に帰ってきません。

だから、いいですか、日本が陥っている悪循環の一部は、男性が本当に長時間労働していて、大変な不安を抱えていて、女性はいら立ちを覚え、幸せではなく、それが非常に不幸せな結婚生活を招来し、それが原因で、日本の婚姻率は今、とても低いのです。女性は――あなたもよくご承知のとおり――結婚しようとしていませんし、子どもも持とうとしていません。なぜなら、実際のところ、（結婚に付随する）この取り決めが、あまりいい取り決めとは言えないからです。

男性と女性の間の取り決めが、日本では機能していません。そして、その取り決めがうまくいっていない（という意味の）一つは、男性があまりに多大なプレッシャーをかけられていることです。そして、日本で女性が働いていないことによっていちばん損をしているのは、男性であって、女性ではありません。だって、唯一の稼ぎ手として、「この家族全員が100歳になるまで、支え続けなくてはいけない」と、自分に言い聞かせる必要があるのですから。

---

❶ **get frustrated** いら立つ、挫折感を覚える

❷ **you see** ほら、いいですか ★相手の注意を引く際に使う。

❸ **deal** 取り決め、取引

❹ **loser** 損をする人、敗者

❺ **sole** 唯一の

❻ **birth rate** 出生率 ★アメリカ英語では1語にしたbirthrateがよく使われる。

❼ **worsen** 悪化する

❽ **financial situation** 財務状況

❾ **encourage A to be ~** Aが~になるよう促す

❿ **catastrophe** 大惨事、大失敗、破局

⓫ **make sure that . . .** 確実に……になるようにする、必ず……するようにする

⓬ **immigration** 移民、移住

How to Avoid a Catastrophe 🔊 030

EJ: How would a country like Japan — with its low ⑥birth rate and ⑦worsening ⑧financial situation — be able to survive in this 100-year-life era?

Gratton: Well, that's why you've got to ⑨encourage your over-60s to be productive. You know, people who are over 60 need to work. And governments need to encourage that, and corporations need to support it. Because if all your over-60s stop working, and the birth rate goes down, as it has in Japan, then it's a ⑩catastrophe. Er, I mean, that's an obvious catastrophe.

So the way out of that is two ways — and it's very easy in Japan. Actually, Japan has got an easy way out of this. ⑪Make sure that your women are working and that your people over 60 are working. And those are the two groups at the moment Japan does not encourage. And, of course, the third is ⑫immigration, encourage immigration.

Interviewed by Kazumoto Ohno

破局を回避するには

EJ：日本のような——低い出生率と悪化する財政状況を抱える——国は、どうすれば人生100年の時代に生き残ることができるのでしょうか？

グラットン：そうですね、だからこそ、60歳を超える世代に、生産的になってもらうよう促す必要があるのです。60歳より上の人々も、働かなくてはいけません。そして政府もそれを奨励し、企業もそれを支援しなくてはいけません。なぜかというと、もし60歳より上の人全員が働くことをやめ、すでに日本で起こっているように出生率が下がれば、それは破局だからです。つまり、それは明らかに破局です。

ですから、そこから脱却するには、2つの方法があります——そしてそれは日本では、たやすいことです。実は、日本には、簡単にこの状態から抜け出す方法があります。確実に女性が働いているようにすること、そして60歳を超える人々が働いているようにすることです。そしてその2つの集団に、今のところ日本は（働くよう）促していません。それからもちろん、3つ目（の方法）は移民です。移民（の受け入れ）を推進することです。

（訳：春日聡子）

AFTER LISTENING 聞いた後に

内容理解クイズで、どれくらい聞き取れたかを確認します。
次にディクテーションとシャドーイングに取り組み、リスニング力とスピーキング力を鍛えましょう。

? TRUE/FALSE REVIEW 内容理解クイズ

インタビューの内容と合っていればT (True) を、違っていればF (False) を選んでください。間違っていたら、解答と日本語訳をしっかり確認しましょう。

[解答と日本語訳] p. 89

1 Lynda Gratton says that "social capital" is important to living a long life.

[T / F]

2 According to Gratton, the Japanese government seems to be unaware of the problem of overwork

[T / F]

3 According to Gratton, men in Japan experience a lot of pressure when they are the only breadwinner in the family.

[T / F]

4 Gratton says that it is important for people over 60 to continue working.

[T / F]

✏ DICTATION ディクテーション ◀)) 031

音声を聞き、下の欄に書き取りましょう。手順はp. 5参照。

［解答］p. 79、1〜4行目

Well,

social capital.

DICTATION > intangible asset, social capital などの言葉が分かっていれば、ディクテーションはそれほど難しくないと思い
GUIDE ます。しかし「分かる」にもさまざまなレベルが。聞いた瞬間、パッと意味が理解できましたか？ それがリ
 スニングに必要となる「分かる」のレベルですよ。

TRUE/FALSE REVIEW 解答

1 True
　リンダ・グラットンは長生きをするためには「社会資本」が重要だと言っている。［該当箇所］TRACK 024
2 False
　グラットンによると、日本政府は「働き過ぎ」の問題に気付いていないようだ。［該当箇所］TRACK 025
3 True
　グラットンによると、日本の男性は、家庭の中で唯一の稼ぎ手であることに大きなプレッシャーを受ける。［該当箇所］TRACK 028 / 029
4 True
　グラットンは60歳を過ぎた人が働き続けることが重要だと言っている。［該当箇所］TRACK 030

次の部分をシャドーイングして、聞き取る力と同時に話す力も鍛えましょう。
手順はp.5参照。

［抜粋箇所］p.81、9〜14行目

So, this is a problem in Japan, and I think that your government knows that very well and is trying to address it. But certainly, Japan is unusual now in the developed world, both in terms of its working practices and in terms of its attitude to women.

SHADOWING >
GUIDE
your government knows that very well and is trying to address it あたり、意味を考えながらシャドーイングをしようとすると、頭の中の英語の処理速度が追い付かずに口が止まる、などということがありませんか？いったん英文を見て、構造を理解したら、反復練習しておきましょうね。

難易度
level 4
★★★★★

🔊 033

INTERVIEW
PLAYBACK 3

Peter Drucker
ピーター・ドラッカー

経営学者

DATA
取材日：2003年3月
インタビュアー：大野和基
掲載号：2011年10月号

ここに掲載するピーター・ドラッカー氏へのインタビューは2003年に行われたもの。しかしその内容は、今聞いても新鮮です。「変化は、人々が当然だと思っていることに矛盾する」という彼の言葉は、現代社会においても十分傾聴の価値がありそうです。

Peter Drucker

ピーター・ドラッカー

1909年、オーストリア、ウィーン生まれ。
2005年没。ドイツで新聞記者を経て法学
博士に。1937年にアメリカへ移住。アメリ
カ政府特別顧問を務めた後、ニューヨーク
大学教授となる。日本では2009年に出版
された『もし高校野球のマネージャーがドラッ
カーの『マネジメント』を読んだら』（岩崎夏
海著／ダイヤモンド社 刊）をきっかけに、
ブームが再燃した。

　写真：ZUMA Press／アフロ

The great danger is that you in Japan will become problem-focused and not opportunity-focused.

——非常に危険なのは、日本にいるあなた方が、問題にばかり注意を向けてチャンスに注意を向けなくなることです。

『マネジメント基本と原則
[エッセンシャル版]』

P. F. ドラッカー著／上田惇生 訳／ダイヤモンド社／2000 円＋税額
本書は2005年に惜しまれながらこの世を去った20世紀の知の巨人、ドラッカーの大著『マネジメント——課題、責任、実践』を、初心者向けにまとめた一冊。

現代日本は「過渡期」から脱出できたのか

　ピーター・ドラッカーは、1909年オーストリア＝ハンガリー帝国（当時）の首都ウィーンで生まれた。小さい頃から英語の教育も受け、'37年にアメリカに移住している。そんな彼に私は、2003年、'05年と2回にわたってインタビューしているが、'05年夏にインタビューしたほぼ3カ月後に、ドラッカーは96歳を目前に他界した。

　今回のインタビューは '03年からのもの。途中、1時間ほどのランチを兼ねた休憩を挟んで、およそ2時間、カリフォルニア州クレアモントの自宅で話を伺った。

　当時の日本経済が停滞していたことについて彼は、「過渡期」にあると明言した。その「過渡期」で、日本は製造業主流から知的労働への移行、西洋重視から、西洋と東洋のバランスへの移行に苦闘していると言う。日本はアジアの一員ではあるが、氏が指摘するように、西洋の一員でもある。そのバランスを取るのが非常に難しいと言う。ドラッカーは "a difficult balancing act" という表現を使っている。

　今回のインタビュー内で、氏は中国とインドの台頭について言及し、インドの強みは英語だと語った。

　一方で日本の英語レベルが低いことについては、一長一短あるとのこと。言語が主な障害ではなく、日本人がよそ者をなかなか受け入れない国民性を持っていることが、障害になっていると言う。日本人には、移民を自由に受け入れる寛容性が必要であることも指摘した。

　今の日本が、「過渡期」から脱出できたのかどうか、もしドラッカーが生きていたら、ぜひ見解を伺いたいものだ。

大野和基（国際ジャーナリスト）

BEFORE LISTENING 聞く前に

事前に音声の特徴や、リスニングのポイントを確認しておくと、聞き取りやすくなります。

INFORMATION 音声の特徴

形式：1対1のインタビュー　難易度：level 4 ★★★★★　速さ：非常に遅い

話し方・特徴
テンポは安定しており、抑揚はあまり顕著ではない。非常に遅いが、ノンネイティブで時折り声が枯れるため、聞きとりは容易ではない。

※本インタビューの音声には、周囲の雑音が含まれています。ご了承ください。

📖 CONTEXT インタビューの背景

　経営学者で社会学者でもあったドラッカー氏は、生前多数の著書を通して、預言者とも呼べるような示唆に富んだ分析を、世に投げ掛けてきた。今回のインタビューは20年前に収録されたものだが、ここで展開されている、アジアと欧米の間で立ち位置に悩む日本の現状分析や、日本経済の弱点は言語よりもその閉そく性にあるとする提言は、現代にも十分通用する慧眼だ。まさに「預言者」の名をほしいままにしているといった感がある。逆に言うと、それだけこの国は、この20年間あまり進歩していないということなのかもしれない。そんなことを考えながら、世界を代表する知の巨匠の言葉を味わってほしい。

🔑 KEY WORDS 理解のためのキーワード

knowledge
知識

ドラッカーは、今後の世界が知識資源を基盤とした、knowledge economy（知識経済）へ移行すると予見していた。

the current problems
現在の問題

2000年から続いていた日経平均株価の下落など、'03年当時の経済不安を指している。

Ito-Yokado
イトーヨーカ堂

1920年創業の小売りチェーン。店舗名はイトーヨーカドー。セブン–イレブンの日本展開を行い、'90年代にライセンス元のアメリカ企業を逆に買収して、経営を立て直したことが注目された。現在、株式会社イトーヨーカ堂はセブン＆アイ・ホールディングスの子会社。

▶ NOW LISTEN!

Beautifully Educated India 🔊 034

EJ: The traditional economic ❶powers are now facing strong ❷competition from countries such as China and India. How do you ❸view these countries?

Peter Drucker: I have ❹been very conscious of the ❺emergence of India ❻the last three years. Now suddenly everybody realizes it, that India's becoming the ❼foremost ❽knowledge power. China, the foremost ❾manufacturing power. The two are quite different. But India, which has 150 million people whose main language is English — it's the second-largest English country after the U.S. — so 150 million people whose main language is English, and who are ❿beautifully ⓫educated. ⓬The British built a fantastic educational system in India.

インドの素晴らしい教育

EJ：従来の経済列強は、中国やインドのような国々との激しい競争に直面しています。両国について、どんな見解をお持ちですか？

ピーター・ドラッカー：私は、ここ3年のインドの台頭をとても意識していました。ここにきて、インドが随一の知識大国になりつつあるということを、急に誰もが認識しています。中国は随一の工業大国です。この2国は大きく異なります。しかしインドは、（その国民のうち）1億5000万人が英語を主要言語とし——アメリカに続く2番目に大きな英語国です——つまり、1億5000万の人々が英語を公用語とし、素晴らしい教育を受けているのです。イギリス人がインドに、立派な教育制度を構築しましたから。

---

❶ **powers** 列強 ★この意味の場合、通例複数形。9行目のpowerは「強国、大国」の意。

❷ **competition** 競争、競合

❸ **view** ～を考察する、～を特定の視点で見る

❹ **be conscious of ~** ～を意識している、～を気にする

❺ **emergence** 出現、台頭

❻ **the last three years** ★このインタビューは2003年に収録されているので、'01年～'03年を指す。

❼ **foremost** 第一の、最大の

❽ **knowledge** 知識 ★➡p. 94のKEY WORDS参照。

❾ **manufacturing** 製造業（の）

❿ **beautifully** 見事に、立派に

⓫ **educated** 教育を受けた、学識のある

⓬ **the British** イギリス人 ★インドは1877年から70年間、イギリス領だった。

The Real ❶Obstacle　🔊 035

EJ: Do you think the level of English in Japan is a ❷weakness economically?

Drucker: That's a ❸strength and a weakness. It makes it more difficult for the foreigner to do business in Japan. But the language isn't the main problem. Their main problem is that you in Japan— ❹I used to work with people with whom you've grown up. It's not easy to ❺move into a Japanese ❻commu—because their ❼workplace is the community. That is the real obstacle.

　❽Look, I, I have a ❾friend, who is Japanese is very ❿limited, but he's totally ⓫accepted in Japan because he ⓬managed to be accepted in the ⓭publishing community. And the language is not, well, his Japanese is poor. Uh, he can ⓮make himself understood, but ⓯barely. He's not very good at language. But that never ⓰proved a major problem. The language is, yes, is a problem and not . . . but a problem that can be ⓱overcome.

真の障壁

EJ：日本の英語レベルは、経済における弱点だと思われますか？

ドラッカー：強みでもあり、弱みでもあります。日本の英語レベルが、外国人が日本でビジネスをすることをいっそう難しくしています。しかし、言語が主な問題なのではありません。彼らの主な問題は、日本では——私はあなた方が一緒に育った人たちと働いたものです。日本社会に入り込むのは容易ではありません。なぜなら、職場そのものが一つの社会だからです。これが真の障壁です。

　いいですか、私にある友人がいるのですが、彼の日本語（能力）はごく限られています。ところが彼は日本で完全に受け入れられています、というのも、出版業界に何とか受け入れられたからです。そして言語はあまり、その、彼の日本語は下手です。意思を伝えることはできますが、やっとのことです。語学があまり得意ではないのです。しかしそれが大きな問題になったことはありません。言語は、確かに、問題ではありますが……克服できる問題です。

---

❶ **obstacle** 障害、邪魔をするもの

❷ **weakness** 弱み、短所

❸ **strength** 強み、長所

❹ **I used to work** 私は働いていたものだ

❺ **move into ~** ～に移り住む、～に進出する

❻ **commu—** ★community（共同体、コミュニティー、社会）と言うつもりだった、と考えられる。

❼ **workplace** 職場

❽ **look** ねえ、いいかい ★相手の注意を喚起するときに用いる。

❾ **friend** ★元『ニューズウィーク』日本支局長のバーナード・クリッシャー氏を指すと考えられる。

❿ **limited** 制限された、わずかな、貧弱な

⓫ **accept** ～を受け入れる

⓬ **manage to do** 何とか～する、どうにか～しおおせる

⓭ **publishing** 出版

⓮ **make oneself understood** 自分の考え・言葉を人に分からせる

Making the Transition 🔊 036

EJ: And do you think Japan can overcome [18]the current problems with its economy?

Drucker: When you [19]look at the Japanese economy, it is really [20]doing [21]exceedingly well. Look at [22]consumer spending. Look at [23]employment. It is not a [24]depression, it's a [25]transition. And [26]I would say it's, the transition is 50 percent completed and will be completed by 2008, 2010.

EJ: So, what happens between now and then?

転換期を迎えて

EJ：では日本は、現在の経済問題を克服できると思われますか？

ドラッカー：日本経済に目を向けると、実のところ非常に順調です。個人消費を見てください。雇用を見てください。これは不況ではなく、転換期なのです。そして、私の意見では、転換の50％が達成されており、2008年か2010年までには、完了することでしょう。

EJ：では、今からその時までの間に、何が起こるのでしょうか？

---

[15] **barely** 辛うじて、やっとのことで

[16] **prove (to be)** (〜であることを) 証明する、はっきりと示す ★to beは、しばしば省略される。

[17] **overcome** 〜を克服する ★過去分詞も同形。ここでは過去分詞。

[18] **the current problems** 現在の問題 ★➡p. 94のKEY WORDS参照。

[19] **look at ~** 〜を (意識してしっかり) 見る、〜を考察する

[20] **do well** うまくいく、好調である

[21] **exceedingly** 非常に、甚だしく

[22] **consumer spending** 消費者支出、個人消費

[23] **employment** 雇用

[24] **depression** 不況、不景気

[25] **transition** 変遷、過渡期、変わり目

[26] **I would say** 私に言わせれば、私の意見では

Drucker: You have a number of very big transition problems. The shift from ❶blue-collar manufacturing employment to knowledge employment; the shift from ❷concentration on the West to ❸balance between the East and the West.

And yes, that is a big problem politically and economically to balance. ❹Japan is both a member of the West and a member of the East, just as the U.K. is both a member of Europe and a member of America. And that's a difficult balancing act.

A Common Heritage 🔊 **037**

EJ: I guess what really needs to be asked is, what can Japan do during this transition?

Drucker: There's not much you can do. You have to ❺clean up yesterday's ❻messes. There are two of them. One is ❼the failed policy of the 90s, which, well, ❽acting on advice from the U.S., the wrong advice, you tried to ❾get yourself out of a mild ❿recession by ⓫overspending and overlending. And you have the ⓬legacy of an ⓭overprotected financial system that basically needs to be ⓮modernized.

ドラッカー：転換に伴って、いくつもの非常に大きな問題が起きています。製造業におけるブルーカラーの雇用から知識雇用への移行、西欧への集中から東西間でバランスを取る形への移行です。

　そして、そう、バランスを取るということが政治的にも経済的にも大問題です。日本は欧米の一員であり、東洋の一員でもあります。ちょうど、イギリスがヨーロッパの一員でありながらアメリカの一員でもあるように。そしてそれは、バランスを取るのが難しい行為なのです。

共通の遺産

EJ：恐らく、本当に尋ねるべき問いは、「この転換期の間に、日本は何ができるのか」ですね？

ドラッカー：できることはさほどありません。過去のゴタゴタの後始末をする必要はあります。それは2つあります。1つは、90年代に失敗した政策で、それはつまり、アメリカの助言、誤った助言に基づいて、過剰消費と過剰貸し出しによって緩やかな景気後退を脱却しようとしたことです。それと（もう1つ）、基本的に近代化が必要な、過度に守られた金融システムという遺物も残っています。

---

❶ **blue-collar** ブルーカラーの、肉体労働の、現場作業の

❷ **concentration on ~** 　～への集中

❸ **balance** バランス、均衡　★3行下のbalanceは動詞で、「バランスを取る」の意。さらに4行下のbalancing actは、「対立する要素の間で、慎重にバランスを取る行為」の意。

❹ **Japan is . . . a member of the West** ★アメリカとの同盟関係の密接さや、欧米を中心とした主要国首脳会議に日本が参加していることなどを指していると考えられる。

❺ **clean up ~** 　～を片付ける、～（悪いもの）を一掃する

❻ **mess** 混乱、取り散らかした状態

❼ **the failed policy of the 90s** ★

1990年代に、日本は経済停滞期に陥り、後半には大手金融機関の破綻が相次いだ。1991年から2002年は、「失われた10年」と呼ばれている。

❽ **act on ~** 　～に従って行動する

❾ **get oneself out of ~** 　～から脱出させる、～から逃れさせる

❿ **recession** 景気後退、不況

Other than that, you have done amazingly well in China. Amazingly well. Even though, for Japanese, China is not an easy environment. You know, there's an old saying that England and the United States are separated by a common language. But Japan and China are separated by a common ⑮heritage. Actually, no country is more different from China than Japan in its basic mentality, its ⑯values. And you've done ⑰fabulously well in China. And you've done fabulously well in the U.S., and you're doing exceedingly well now in Europe.

So, Japan has ⑱integrated herself, the first non-Western country to integrate herself in the world economy with a remarkable success in being ⑲westernized ⑳and yet remaining Japanese. Remarkable, ㉑unprecedented. There's nothing like it.

それ以外は、あなたたちは中国で驚くほどうまくやってきました。驚くほどうまく。日本人にとって、中国はやりやすい環境ではないにもかかわらず、です。いいですか、イギリスとアメリカは共通の言語によって隔てられている、という言い習わしがあります。しかし、日本と中国は、共通の遺産によって隔てられているのです。実のところ、基本的な精神性、価値観において、日本ほど、中国とかけ離れた国はありません。それなのに日本は、中国で素晴らしくうまくやってきました。さらに、アメリカでも素晴らしくうまくやってきましたし、今ではヨーロッパでも、ことのほかうまくやっています。

つまり、日本は溶け込んだのです。西洋化しながらも日本的であり続けることに見事に成功し、世界経済に溶け込んだ、初の非西洋国なのです。見事ですし、先例のないことです。ほかに類を見ないことです。

⑪ **overspending** お金の使い過ぎ、浪費 ★続くoverlendingは、「貸し過ぎ」の意。

⑫ **legacy** 遺産、受け継がれてきたもの、古くなっても捨てられないもの

⑬ **overprotected** 過剰に守られた、過保護な

⑭ **modernize** 〜を近代化する、〜を最新化する

⑮ **heritage** （文化的な）遺産、伝統

⑯ **values** 価値観、価値体系 ★この意味の場合は、通例複数形。

⑰ **fabulously** 信じ難いほどに、とても素晴らしく

⑱ **integrate oneself in ~** 〜の一員となる ★通常、国を受ける代名詞はitだが、擬人化してsheで受けることがある。

⑲ **westernize** 〜を西洋化する

⑳ **and yet** それでいて、なおかつ

㉑ **unprecedented** 先例のない、ほかに類のない ★発音は[ʌnprésidəntid]で、正しい第一強勢は /re/ にある。

Contrary to Popular Opinion 🔊 038

Drucker: And the danger, and it's a great danger, is that you in Japan will become ❶problem-focused and not opportunity-focused. The businesses that do well in Japan are the ones that are opportunity-focused, and it's not just ❷exporters. Uh, well, if you look at Japanese ❸retailing, ❹a good deal of it is ❺in trouble. ❻Ito-Yokado is doing exceedingly well, but they're opportunity-focused. You can't ❼neglect problems, but if you focus ❽exclusively on problems, you're trying to ❾restore yesterday.

EJ: What about the United States? Is the U.S. economy ❿having trouble ⓫adjusting to these international changes, too?

Drucker: You know, we in, in the U.S., business is very good, the economy is very good, ⓬unemployment is really ⓭incredibly low. And ⓮long-term unemployment in this country is almost ⓯nil. And yet, there is a ⓰malaise. We are in a transition ⓱period and people don't understand it.

一般的な意見に反して

ドラッカー： そこで危険なのは、それも非常に危険なのは、日本にいるあなた方が、問題にばかり注意を向けてチャンスに注意を向けなくなることです。日本で成功しているビジネスは、チャンスに目を向けたものであって、それは輸出業者に限りません。日本の小売業を見てみると、そのかなり多くが窮状に陥っています。イトーヨーカ堂が素晴らしい業績を上げていますが、彼らはチャンスを重視しているのです。問題を無視することはできませんが、問題にばかり注目していると、過去の状態を取り戻そうと努力をしていることになります。

EJ： アメリカはどうでしょう？　アメリカ経済も、こうした国際的な変化への順応に苦労しているのでしょうか？

ドラッカー： そうですね、アメリカでは、ビジネスは非常に好調、経済も非常に好況、失業率も信じられないほど低い数値です。しかも、この国では長期失業率がほぼゼロです。それでいながら、停滞ムードがあります。アメリカ国民は転換期に居ながら、人々がそれを理解していないのです。

---

❶ **~-focused** ～に焦点を合わせた、～を重視した

❷ **exporter** 輸出業者

❸ **retailing** 小売業

❹ **a good deal of ~** 大量の～、多大な～

❺ **in trouble** 窮地に陥って、苦境にあって

❻ **Ito-Yokado** イトーヨーカ堂 ★➡p. 94 の KEY WORDS 参照。

❼ **neglect** ～を無視する、～を放置する

❽ **exclusively** もっぱら、単独に

❾ **restore** ～を過去の状態に戻す、～を復活させる、～を復元する

❿ **have trouble doing** ～するのに苦労する

⓫ **adjust to ~** ～に順応する、～に適応する

⓬ **unemployment** 失業（率）

⓭ **incredibly** 信じられないほど

⓮ **long-term** 長期の

⓯ **nil** ゼロ、皆無

⓰ **malaise** 倦怠感、（経済の）沈滞 ★発

Manufacturing, everybody thinks manufacturing is [18]in a crisis. Manufacturing employment is. Manufacturing is doing fabulously well. Everybody thinks that we are [19]swamped by foreign imports. One-third of the imports into this country are products of American companies made abroad. They're not true — [20]statistically they're imports, economically they're not. If you [21]eliminate them, we have an [22]export surplus.

And we have a [23]government that's [24]out of control. [25]So do you [26]alas. And so everybody thinks the [27]economy's in poor shape. No, the economy, the American economy is in excellent shape, but it's ch—changing, and changes are unexpected and, uh, hard to understand. They [28]go against what people think is normal.

Interviewed by Kazumoto Ohno

製造業、誰もが、製造業が危機にひんしていると思っています。製造業の雇用が危機にひんしていると。(しかし)製造業は素晴らしく好調です。わが国（アメリカ）には外国からの輸入品が押し寄せていると、誰もが思っています。(しかし)この国に入ってくる輸入品の3分の1は、アメリカ企業が海外で造った製品です。(輸入品が押し寄せているというのは)事実ではないのです——それらは、統計上は輸入品であっても、経済的にはそうではないのです。そこを差し引くと、わが国は輸出超過になるのです。

さらに、わが国は制御不能な政府を抱えています。あなたの国（日本）も同様ですね、残念ながら。ですから、経済状態が悪いと皆が思っています。いいえ、経済、アメリカ経済はとてもいい状態です。ただし、変化は起きていて、変化は予想外のもので、理解し難いのです。変化は、人々が当然だと思っていることに矛盾するからです。

（訳：挙市玲子）

音は [məléiz]。

⑰ period 時代、時期

⑱ in a crisis 危機に陥って

⑲ swamp 〜を押し寄せる、〜を圧倒する

⑳ statistically 統計的に、統計上

㉑ eliminate 〜を取り除く、〜を除去する

㉒ export surplus 輸出超過

㉓ government ★インタビュー当時のアメリカは、ジョージ・W・ブッシュ政権の第1期に当たる。

㉔ out of control コントロールの利かない、統制の取れていない

㉕ So do you あなた（たち）もそれをしている、あなた（たち）も同様である ★当時の日本は小泉政権。

㉖ alas 悲しいかな、残念なことに ★悲嘆を表す間投詞。

㉗ be in ~ shape 〜な状態で、〜なコンディションで

㉘ go against ~ 〜に逆らう、〜に反する

AFTER LISTENING 聞いた後に

内容理解クイズで、どれくらい聞き取れたかを確認します。
次にディクテーションとシャドーイングに取り組み、リスニング力とスピーキング力を鍛えましょう。

❓ TRUE/FALSE REVIEW　内容理解クイズ

インタビューの内容と合っていればT（True）を、違っていればF（False）を選んでください。間違っていたら、解答と日本語訳をしっかり確認しましょう。

［解答と日本語訳］p.103

1　Peter Drucker calls India the foremost manufacturing power in the world.

[T ／ F]

2　According to Drucker, a lack of English language ability is the main problem for Japanese people in the global economy.

[T ／ F]

3　Drucker considers Japan to be both a part of the West and a part of East, economically and politically speaking.

[T ／ F]

4　Drucker gives Ito-Yokado as an example of a problem-focused company.

[T ／ F]

音声を聞き、下の欄に書き取りましょう。手順はp. 5参照。

［解答］p. 99、4〜7行目

You know,

a common heritage.

DICTATION > saying は語尾の [g] が聞き取れませんが、there's an old saying that ... は非常によく使われる表現なので、音
GUIDE が曖昧でも理解できるようにしておきましょう。England and the United States are separated by a common
language の後に、Japan and China are と言っているので、separated by a common ... と続くことが十分に
予想できますね。

TRUE/FALSE REVIEW 解答

1 False
ピーター・ドラッカーは、インドを世界の中で最大の工業国と読んでいる。［該当箇所］TRACK 034

2 False
ドラッカーによると、英語能力の欠如は、世界経済において、日本人にとって主要な問題である。［該当箇所］TRACK 035

3 True
ドラッカーは、経済と政治において、日本は西洋と東洋の両方に属すると考えている。［該当箇所］TRACK 036

4 False
ドラッカーは、問題に注意を向けている企業としてイトーヨーカ堂を例に出している。［該当箇所］TRACK 038

次の部分をシャドーイングして、聞き取る力と同時に話す力も鍛えましょう。
手順はp. 5 参照。

[抜粋箇所] p. 99、下から6行目〜最終行

So, Japan has integrated herself, the first non-Western country to integrate herself in the world economy with a remarkable success in being westernized and yet remaining Japanese. Remarkable, unprecedented. There's nothing like it.

SHADOWING ＞
GUIDE

意味を踏まえ、自分ならどのあたりを強調したいかを事前に考えておくといいでしょう。例えば繰り返された remarkable に目を付け、日本の世界経済への溶け込み具合の「見事さ」を強調すると決めたならば、2度目は大袈裟に感じるくらい声を上下させて mar の部分に語強勢を付けると聞き手に伝わりやすくなります。

LEARNING
FROM
REAL ENGLISH

写真：AFP ／アフロ

「生きた英語」を
学ぶということ

雑誌『ENGLISH JOURNAL』は、インタビューやスピーチ、
ニュースなど、「生きた英語」で学ぶことを提案してきました。
Wikipediaの英語版はまさに「生きた英語」の代表格。
シェイクスピア研究者でありウィキペディアンでもある
北村紗衣さんが「生きた英語」との付き合い方を教えてくれます。

北村 紗衣
武蔵大学人文学部英語英米文化学科教授。東京大学で学士号及び修士号を取得後、2013年にキングス・カレッジ・
ロンドンにて博士課程を修了。専門はシェイクスピア、フェミニスト批評、舞台芸術史。ウィキペディアンとしても活動し
ている。著書に『シェイクスピア劇を楽しんだ女性たち──近世の観劇と読書 』（白水社、2018）、『お砂糖とスパイ
スと爆発的な何か──不真面目な批評家によるフェミニスト批評入門 』（書誌侃侃房、2019）、『批評の教室 ──チョ
ウのように読み、ハチのように書く』（筑摩書房、2021）、『お嬢さんと嘘と男たちのデス・ロード ジェンダー・フェミニズ
ム批評入門』（文藝春秋、2022）など。今夏、アルクより新刊『英語の路地裏』刊行予定。

まずは
プールで泳げるようになってから
荒れた海に出てください
〜ウィキペディアと「生きた英語」

ウィキペディアを使ったことがないという方は少ないと思います。ウィキペディアは誰でも編集できる百科事典プロジェクトで、多数の言語版があります。日本語版ウィキペディアに調べたいことに関する記事が無い……という経験をしたことがある方もいるかもしれません。そういう場合、英語版ウィキペディアには目当ての記事があったりするのですが、なかなか使いこなすのは難しいかと思います。英語版の記事がすらすら読めたらなぁ……となることもあると思うのですが、私はそういう気持ちが高じて「そんなら自分で翻訳して日本語版に記事を作っちゃえばいいじゃないか」と思って活動している、ウィキペディア用語で言うと「翻訳ウィキペディアン」です。今はウィキペディアを英語教育に取り入れる活動もしています。このエッセイでは、私の経験をもとに、ウィキペディアを題材に「生きた英語」との付き合い方を再考してみたいと思います。

私は2010年からウィキペディアで活動しています。最初は誤字脱字を直す程度でしたが、留学中に執筆コンテストに参加したのをきっかけとして本格的にウィキペディアン、つまりウィキペディアの編集に携わる利用者として活動するようになりました。企業の奨学金を受給して留学していたので、英語力を多少は社会に還元したいと思い始め、ウィキ

ペディアの記事翻訳はそれにはうってつけだと思ったのです。

2015年に英日翻訳ウィキペディアン養成セミナーというプロジェクト授業を大学で始めました。これはウィキペディア英語版の記事を学生が日本語に翻訳し、ひとり1本、日本語版ウィキペディアにアップロードするという授業です。非常勤先である東京大学で始めましたが、今は本務校である武蔵大学でやっています。2015年から2023年1月までに、このクラスで287本の日本語記事を新しく作るか、大幅に加筆しました。皆さんもこのクラスの学生が作った記事を読んだことがあるかもしれません。

実用的な英語

この授業を始めたのは、学生から「もっと面白い読み物を扱ってほしい」「もっと実用的な英語を教えてほしい」という全く方向性の違う二種類の要望を受けたからです。以前は授業でニュースや評論などを読んでいました。これは、私の経験からするとそういう文章が一番「実用的」な英語だったからです。留学する場合、論文や一般的な報道記事を読めるくらいの英語力がないと研究ができませんし、それ以外のことについても情報収集ができません。

LEARNING FROM REAL ENGLISH

「生きた英語」を学ぶということ

プロジェクト授業「ウィキペディアン養成セミナー」で、学生が作成したウィキペディアの記事（左上）https://ja.wikipedia.org/wiki/ バイリンガル教育（2022年12月15日（木）12:15版）、（右下）https://ja.wikipedia.org/wiki/ 外国語指導助手（2022年7月26日（火）12:06版）

　ところが、学生の間には「実用的な英語」とか「生きた英語」について何か幻想があるように見えました。日常生活で使われているような英語が「実用的」で「生きた」英語である、という思い込みがあるようなのです。実際は、**日常会話は外国語の中でも最も臨機応変に対応しないといけない分野で、天気の変わりやすい海を航行するようなものです。慣れていないと全く舵取りが出来ない**のですが、学生にはあまりそれがが見えていません。最近のエネルギー政策から昨日テレビに出ていた芸能人のスキャンダルまで、何が飛び出すかわからないのが日常会話で、言語能力以外にそこにいる人たちが有している文化的な背景とか、場の雰囲気とかがつかめないと対応できません。

とはいえ学生の要望にはできるだけ応えたいので、ウィキペディアを教材にすることにしました。ウィキペディア記事が読めれば学生にとっては「実用的」でしょうし、興味ある記事について翻訳できるのであればつまらないという感想も減るでしょう。さらに日本語版ウィキペディアの記事を増やすことで社会貢献もできるので、一石二鳥です。

「生きた英語」の現実

　プロジェクトを8年続けてわかったのは、「生きた英語」というのはロクなものではないし、ネイティヴスピーカーだって全員がまともな英文を書けるわけではない、という身も蓋もない諦めでした。

ウィキペディア英語版は、だいたいはネイティヴスピーカーか、第二言語としての英語が堪能な人が書いているはず……です。あまりできない人もいるでしょうが、英語版はユーザーが多いので、どう見てもおかしいところは誰かが直してくれる可能性が高いでしょう。つまり、理想的にはボランティアによる校閲があるはずです。

ところが、ウィキペディア英語版の記事の中には、英語の質がけっこうひどいものもあります。指示語が何を指しているのか不明だとか、同じ出来事と思われるものがひとつの文章の中で2回起こっているとか、そういった間違いはわりとあります。一番多いのは、非制限用法であるべき関係代名詞や関係副詞の後にコンマが無いという間違いです。とくに固有名詞に制限用法の関係代名詞はかけられないということを忘れるネイティヴスピーカーが多いようで、私はこれまで何回、英語版ウィキペディアで関係代名詞の前にコンマを打つ編集をしたかわかりません。

なぜこういうことが起きるか、理由は簡単に推測できます。文章を書き慣れていないからです。間の微妙な長短は別として、制限用法だろうが非制限用法だろうが、話す時にはコンマの有無はあまりはっきりわかりません。ライティングの訓練を受けていない人が話し言葉の感覚で英文を書くと、ネイティヴスピーカーでも非制限用法のコンマの脱落が起こります。学生が翻訳しようとしている記事にこういうミスがあり、私が「これ間違ってますね」と言って英文のほうを直す……というようなこともけっこうあります。

日常的な会話とか、誰も校閲をしてくれないウェブで流通している英語の質というのは、かなり低いこともあります。そもそもウィキペディアを編集しているような人は平均より英語に自信がある可能性が高いわけですが、それでもノンネイティヴである私が見てもどうかと思うような文章もあります。関係代名詞の前のコンマの有無くらいならまだいいですが、文意が明確にとれないレベルの文章もたまに見つかります（よく考えると日本語版ウィキペディアもそうですが）。そういう文章については、自分の判断で「たぶんこうだろうな」といろいろ補い、正しい形にして航路修正する必要も出てきます。**「生きた英語」の中には、受け手のほうが経験から推測して補足・修正する必要があるものがあります。**

学生時代に求められる英語

ここがウィキペディア、もっと広く言えば「生きた英語」を教材とするにあたって頭が痛いところです。学生が翻訳する記事については、最初の学期は自由に選んでよいということにしたところ、悪文を選んで苦労する学生が出たので、次の学期からは候補リストを作ることにしました。それでもけっこう間違いは見つかりますし、よく読むとなんだかなぁ……みたいな質の記事はたまにあります。一方で、とくに人文系の主題に関する記事などで、明らかに腕に覚えのある者が書いているのであろう洗練された英文が出てくることもあります。

このように質にばらつきがある点でウィキペディアはまさに「生きた英語」です。しかしながら、まだ英語力が高いわけではない大学生が目指すべきなのはこういう「生きた英語」に対応する能力なので

LEARNING FROM REAL ENGLISH

「生きた英語」を学ぶということ

しょうか、それとも高品質で明快な文章をたくさんインプットすることなのでしょうか？　私は後者だろうと思います。とくに最近の大学生は、コミュニケーションが重視されているわりには高校までに文法知識をきちんと教わっていないので、洗練された英文に触れた機会が比較的少なく、ちょっと複雑な文章になると対応ができないことも多いのです。

　たぶん日本語を第一言語とする大学生が身につけるべき英語力というのは、BBC とか CNN の放送を聞き取ったり、ウェブサイトで出しているような記事を読んで理解するようなレベルの力だと思いますが、そういう文章でも仮定法とか比較級とか、文法を押さえていないと途方にくれるようなセンテンスはいろいろ出てきます。こうした放送局が出しているニュース記事は出す前にチェックが入っているので、文法的な間違いなどは少なく、意味はだいたい明快で、ウィキペディア記事に比べるとはるかに文章の質にばらつきがありません。

　初めて泳ぎの練習をする時にいきなり流れが速いところや波が荒いところでする人はいないと思います。ふつうは安全なプールとか、流れがゆるやかなところで練習してから遠泳にチャレンジします。英語も同じで、**最初は専門家のチェックが入った文章に慣れてから、間違いや省略や低品質文も多い「生きた英語」の海に乗り出したほうがいいはずです。**

　そういうわけで、本来なら私は学生はちゃんとしたチェックのある教材や洗練された英文にたくさん触れたほうがいいと思っています。それでもウィキペディアは自分の好きなことについて英語で読むことができますし、学生に英語の荒波の厳しさを体験してもらうにはいいのかもしれない、と思って教材

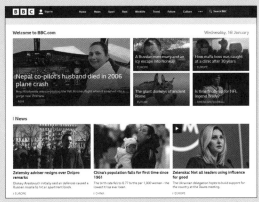

BBC（https://www.bbc.com/）などの放送局のウェブサイトは、意味が明快で文章の質が安定していて学習素材としてお勧め

に使っています。ウィキペディアを翻訳してもらうと、よくできる学生でも、あまり文法的なことをきちんと押さえずに雰囲気だけで英文を読んでしまっていることが露わになります。「生きた英語」の厳しさを理解してもらうにはよい経験だと思って続けています。

　普段の暮らしでは、日本語であっても言いたいことが伝わらないとか、相手の指示が意味不明だということが起こると思います。英語でもそれは同じで、第一言語ではない場合はさらに舵取りが大変になります。「生きた英語」の荒波は、社会の荒波そのものと言えるかもしれません。私はウィキペディアンとして、多くの方にウィキペディアに親しんで頂きたいと思っています。読者の皆さんも、プールで練習した後、是非ウィキペディアで英語の荒波を体験して頂けると幸いです。

SPOTLIGHT NEWS

難 易 度
level 3
★★★★☆

◀》041

写真：AFP ／アフロ

VOAで"今"を聞く 10大ニュース

アメリカ国営放送VOA（Voice of America）で2022年に放送されたニュースを振り返ってみましょう。
01〜07のニュースは、『ENGLISH JOURNAL』の"姉妹誌"的存在の
通信講座『HEARING MARATHON』の連載企画からお届けします。

01	ウクライナ問題で国連が緊急特別総会を開催
02	フロリダ州知事、性的指向を巡る議論封殺の法案に署名
03	アメリカで妊娠中絶が非合法に？
04	海面水温が下がるラニーニャ現象、長期化の様相

05	演説中の安倍晋三元首相、銃弾に倒れる
06	ソビエト連邦最後の指導者ミハイル・ゴルバチョフ逝く
07	70年間英国君主として在位したエリザベス女王生涯を閉じる
08	リシ・スナク元財務相、英国初のアジア系首相に
09	米中間選挙：共和党圧勝の「赤い大波」は起きず
10	メッシの悲願、ワールドカップでアルゼンチン優勝

DATA
掲載号：1000時間ヒアリングマラソン2022年6月号〜2023年1月号
＊ニュース08〜10は本書初出

NEWS 01

UN Holds Emergency Special Session on Ukraine

ウクライナ問題で国連が緊急特別総会を開催

STEP 1 ｜ キーワードをチェックしながら聞く

🔊 042

ニュースを聞いて、以下の固有名詞が聞き取れたらチェックしましょう。これらの固有名詞が内容理解の流れを止めないよう、最初にしっかりインプットしておきます。全てチェックし終わるまで、繰り返し聞きましょう。

聞き取れたらチェック！

☐	the United Nations General Assembly	国連総会	★ = UNGA。United Nations（国際連合、国連）= U.N.。
☐	Ukraine	ウクライナ	★発音は [juːkréin]。東ヨーロッパに位置する共和制国家。首都はキーウ。2014年のロシアによるクリミア半島への軍事介入に続き、2022年2月24日以降、ウクライナ全土へのロシアからの攻撃を受け、戦闘状態が続いている。
☐	Ukraine's U.N. Ambassador Sergiy Kyslytsya	ウクライナのセルギー・キスリツァ国連大使	
☐	Russia	ロシア	
☐	Russia's U.N. Ambassador Vassily Nebenzia	ロシアのワシリー・ネベンジャ国連大使	

写真：AFP／アフロ

STEP 2 | 意味を確認する

🔊 042

音声を聞いてから訳を見て、誤解している部分がないか内容を確認しましょう。理解があいまいな部分は、文字ではなく英語の音声に戻って、音から理解するようにするとリスニングスキルがアップします。スラッシュ（/や//）は意味のまとまりを表します。下線はStep 3で取り上げている箇所を示しています。

UN Holds Emergency Special Session on Ukraine

ウクライナ問題で国連が緊急特別総会を開催

[01] **Anchor:** The United Nations General Assembly opened an ❶extraordinary ❷emergency session Monday / with ❸<u>pleas</u> from Ukraine for help. // AP ❹correspondent Julie Walker reports. //

アンカー：国連総会が月曜日、ウクライナからの助けを求める申し立てを受けて緊急特別会合を開きました。AP通信の特派員ジュリー・ウォーカーがお伝えします。

[05] **Reporter:** Ukraine's U.N. Ambassador Sergiy Kyslytsya told the 193 ❺member nations / that they must respond to Russia's ❻aggressions / and if his country is ❼crushed, / international peace and democracy are ❽<u>in peril</u>. //

記者：ウクライナのセルギー・キスリツァ国連大使は、加盟193カ国に向けて、ロシアの侵攻に向き合わなければならない、自分の国が征服されたら国際平和と民主主義が危機的状況に陥ると訴えました。

[10] **Kyslytsya:** . . . Ukraine, that is ❾paying now the ❿ultimate price / for freedom and security of itself and all the world. //

キスリツァ：……ウクライナ、この国は今、自国及び全世界の自由と安全に対する、究極の代償を払っています。

---

❶ **extraordinary** 特別の、臨時の

❷ **emergency session** 緊急会合、特別会議

❸ **plea** 嘆願、申し立て

❹ **correspondent** 特派員、派遣記者

❺ **member nation** 加盟国

❻ **aggression** 侵攻

❼ **crush** 〜を押しつぶす、〜を鎮圧する

❽ **in peril** 危険にさらされて、危機的状況で

❾ **pay the price for ~** 〜の代償を払う

❿ **ultimate** 究極の、最大の

⓫ **defense** 防衛

⓬ **breakaway** 分離、離脱 ★親ロシア派武装勢力が実効支配しているウクライナ東部の2州を、ロシアは「ウクライナから独立した国家」として扱っている。

⓭ **distort** 〜を曲解する、〜をゆがめて伝える

⓮ **voice-over** 吹き替え

⓯ **seek to do** 〜する道を探る、〜しようと

Reporter: Russia's U.N. Ambassador Vassily Nebenzia says / his country didn't start this / [15] and their ⑪<u>defense of two</u> ⑫breakaway areas in eastern Ukraine is being ⑬distorted. //

Nebenzia (⑭voice-over): Uh, Russia is ⑮seeking to end this war. //

Reporter: The ⑯draft resolution the UNGA [20] ⑰votes on later this week demands / Russia immediately stop its <u>attacks on</u> Ukraine, / according to a copy ⑱obtained by the Associated Press. // I'm Julie Walker. //

(©VOA News, February 28, 2022
[「1000 時間ヒアリングマラソン 2022 年 6 月号」より])

記者：ロシアのワシリー・ネベンジャ国連大使は、自分の国がこれを始めたわけではなく、ウクライナ東部の 2 つの分離派地域の防衛が曲解されているのだ、と主張しています。

ネベンジャ（吹き替え）：ロシアはこの戦争を終わらせようと努めています。

記者：AP通信が入手したコピーによると、国連総会が今週中に採決を行う決議案は、ロシアにウクライナへの攻撃を即時停止するよう求めています。ジュリー・ウォーカーがお伝えしました。

努力する

⑯ **draft resolution** 決議案

⑰ **vote on ~** ～について採決を行う

⑱ **obtain** ～を入手する

STEP 3 | 意味のまとまりごとにリピーティングする　🔊 043

意味のまとまりごとにポーズが入っている音声を聞いて、リピーティングの練習をします。
意味を頭に思い浮かべながら、なるべくスクリプトは見ずに、繰り返しリピーティングしましょう。その際、「リピーティングのポイント」を参考にして発話するといいでしょう。

※リピーティングの手順はp. 6

リピーティングのポイント　※[ ]内の数字は、pp. 112〜113のスクリプトの行数を示しています。

[03] please とまったく同じ発音なのですが、plea（嘆願、申し立て）の複数形なので要注意です。with の th の発音はカタカナの「ズ」に向かいつつ、音を出さずに「ッ」となるイメージです。

[09] 文字を見ると「ペリル」と読みたくなりますが、ri の i はあいまい母音なので、後の l に引っ張られて「リル」ではなく「ロウ」寄りの音になります。

[15] 話者の癖で、単語と単語の切れ目があいまいです。こういった音に慣れておくと、マルチなリスニングスキルが身に付きます。of はほぼ存在感がありません。前置詞だからというだけでなく、意味の上で defense と areas の関係性が明らかなので、より早く読まれている印象です。

[21] attacks の語末の s と次の on がつながっています。attacks と on は意味的な結び付きが強く、on はなくても分かるくらいなので、音として強調されません。ですが、一瞬聞こえる on の音も判別できるように何度も聞いてみてください。

EXTRA STEP | オーバーラッピングと シャドーイングでさらなる高みへ　🔊 042

余力があれば、さらに英語力をパワーアップする2つのトレーニング、オーバーラッピングとシャドーイングにも挑戦してみましょう。習熟度に合わせて、ポーズ入り（TRACK 043）、ポーズなし（TRACK 042）を選ぶとよいでしょう。

※オーバーラッピングとシャドーイングの手順はp. 6

NEWS 02

Governor Signs the "Don't Say Gay" Bill in Florida

フロリダ州知事、性的指向を巡る議論封殺の法案に署名

STEP 1 | キーワードをチェックしながら聞く 🔊 044

ニュースを聞いて、以下の固有名詞が聞き取れたらチェックしましょう。これらの固有名詞が内容理解の流れを止めないよう、最初にしっかりインプットしておきます。全てチェックし終わるまで、繰り返し聞きましょう。

聞き取れたらチェック！

☐	Florida's governor, Ron DeSantis	フロリダ州のロン・デサンティス知事	★（1978-）。共和党の政治家で、2019年より現職。
☐	Hollywood	ハリウッド	★カリフォルニア州にあるアメリカ映画製作の中心地。転じて「アメリカ映画産業」を指す。
☐	Republicans	共和党員	
☐	President Biden	バイデン大統領	★（1942-）。民主党。2021年より現職。

写真：AFP ／アフロ

STEP 2 | 意味を確認する　　🔊044

音声を聞いてから訳を見て、誤解している部分がないか内容を確認しましょう。理解があいまいな部分は、文字ではなく英語の音声に戻って、音から理解するようにするとリスニングスキルがアップします。スラッシュ（/や//）は意味のまとまりを表します。下線はStep 3で取り上げている箇所を示しています。

Governor Signs the "Don't Say Gay" Bill in Florida

[01] **Anchor:** Florida's governor, Ron DeSantis, signed what ❶critics are calling the "Don't Say Gay" ❷bill. // The AP's Ed Donahue. //

Reporter: Teachers in Florida are ❸forbidden
[05] from ❹instruction / on ❺sexual orientation and ❻gender identity / in ❼kindergarten through third ❽grade. //

DeSantis: I don't care what ❾corporate ❿media outlets say. // I don't care what
[10] Hollywood says. // I don't care what big ⓫corporations say. // Here I ⓬stand. // I'm not ⓭backing down. //

フロリダ州知事、性的指向を巡る議論封殺の法案に署名

アンカー: フロリダ州のロン・デサンティス知事は、反対派が「同性愛について口にするな」法案と呼ぶ法案に署名しました。AP通信のエド・ドナヒューです。

記者: フロリダ州の教師は、幼稚園から小学3年生までの間、性的指向と性同一性について教育することを禁止されます。

デサンティス: 民間の報道機関が何を言おうと構いません。ハリウッドが何を言おうと構いません。大企業が何を言おうと構いません。私はここで戦い抜きます。後退するつもりはありません。

---

❶ **critic** 批判者、反対派

❷ **bill** 法案

❸ **forbid A from B** AがBするのを禁止する ★forbiddenはforbidの過去分詞。

❹ **instruction** 指導、教育

❺ **sexual orientation** 性的指向

❻ **gender identity** 性自認、性同一性

❼ **kindergarten** 幼稚園

❽ **grade** （小学校から高校まで通して使う）学年

❾ **corporate** 法人の、企業の

❿ **media outlet** 報道機関

⓫ **corporation** 企業

⓬ **stand** 立ちふさがる、持ちこたえる

⓭ **back down** 後退する、退却する

⓮ **Republican** 共和党員

⓯ **repeatedly** 繰り返して、何度も

⓰ **reasonable** 筋の通った、妥当な

Reporter: DeSantis and [14]Republicans have [15]repeatedly said / the bill is [16]reasonable / and parents, not teachers, should [17]handle subjects of sexual orientation and gender identity / with their kids. //

DeSantis: We will make sure that parents can send their kids to school / to get an education, not an [18]indoctrination. //

Reporter: President Biden called the Florida bill "[19]hateful." // [20]Critics say it is so [21]vaguely [22]worded / [23]speech at schools could be [24]muzzled. // I'm Ed Donahue. //

(© VOA News, March 28, 2022
[「1000 時間ヒアリングマラソン 2022 年 7 月号」より])

記者：デサンティス知事と共和党関係者は、法案は妥当なものであり、子どもに対しては、教師ではなく親が性的指向と性同一性の問題に対応すべきだと、繰り返し述べています。

デサンティス：思想の植え付けではなく教育を受けさせるために親が子どもを学校に送り出せるよう、しっかりと取り組んでいきます。

記者：バイデン大統領は、このフロリダ州の法案を「憎悪に満ちている」と断じました。反対派は、その文言が非常にあいまいなので、学校での言論（の自由）が封じられかねないと主張しています。エド・ドナヒューがお伝えしました。

⑰ **handle** ～を扱う、～を管理する

⑱ **indoctrination** 思想を吹き込むこと、洗脳

⑲ **hateful** 憎しみに満ちた

⑳ **Critics say . . .** ★このセンテンスは、speechの前にthatが省略されているso ～ that構文。

㉑ **vaguely** あいまいに

㉒ **worded** 表現された、言い回された

㉓ **speech** 話すこと、発言

㉔ **muzzle** ～の口を封じる

STEP 3 │ 意味のまとまりごとにリピーティングする ◀»045

意味のまとまりごとにポーズが入っている音声を聞いて、リピーティングの練習をします。
意味を頭に思い浮かべながら、なるべくスクリプトは見ずに、繰り返しリピーティングしましょう。その
際、「リピーティングのポイント」を参考にして発話するといいでしょう。

※リピーティングの手順はp. 6

リピーティングのポイント　　※[　]内の数字は、pp. 116〜117のスクリプトの行数を示しています。

[04] bi の部分が「べ」寄りの発音になっています。後半の dden は「ドゥン」と言いたい
ところですが、舌を上顎に付けることで音を止めて発音するので、実際には日本語の
ダ行のような発音にはなりません。

[09] 日本語の「メディア」に引っ張られないよう注意しましょう。me の部分は「ミ」の
音です。

[18] この will には「ウィ<u>ル</u>」のようなラ行の発音は入りません。will 単体で使う場合や強
調する場合に「ル」に近い発音になることもありますが、次の動詞に向けて「ゥ」に
近い音で発音されることの方が多いです。英語らしく聞こえるかどうかのポイントに
なるので、ぜひ声に出して練習してみてください。

EXTRA STEP │ オーバーラッピングと シャドーイングでさらなる高みへ ◀»044

余力があれば、さらに英語力をパワーアップする２つのトレーニング、オーバーラッピングとシャドーイン
グにも挑戦してみましょう。習熟度に合わせて、ポーズ入り（TRACK 045）、ポーズなし（TRACK044）を
選ぶとよいでしょう。

※オーバーラッピングとシャドーイングの手順はp. 6

NEWS 03

Abortion to be outlawed?

アメリカで妊娠中絶が非合法に？

STEP 1 | キーワードをチェックしながら聞く　◀》 046

ニュースを聞いて、以下の固有名詞が聞き取れたらチェックしましょう。これらの固有名詞が内容理解の流れを止めないよう、最初にしっかりインプットしておきます。全てチェックし終わるまで、繰り返し聞きましょう。

聞き取れたらチェック！

the Supreme Court	連邦最高裁判所	
"Roe versus Wade" ruling	「ロー対ウェイド（裁判）※」の判決	★1973年に最高裁で争われた裁判で、女性が妊娠中絶する権利が憲法で保障されているとの判決が下りた。
Politico	ポリティコ	★アメリカの政治専門の報道機関。
Mississippi's	ミシシッピ州の	
Justice Samuel Alito	サミュエル・アリート判事	★連邦最高裁判所陪席判事。
Justice Brett Kavanaugh	ブレット・カバノー判事	★連邦最高裁判所陪席判事。

※ロー対ウェイド裁判

1973年、それまで米国で違法とされとされていた妊娠中絶を女性の権利と認め、人工妊娠中絶を不当に規制する州法を違憲とする連邦最高裁判所の判決が下された。この権利を争った裁判が「ロー対ウェイド裁判」で、原告はテキサス州在住の妊婦、ジェーン・ロー（仮名）。「中絶を禁止することによって母体と胎児の生命を保護することは州の義務であり責任である」として中絶禁止の州法を擁護したダラス地方検事、ヘンリー・ウェイドを相手取り、訴訟を起こした。最高裁は、条件付きながら中絶の権利を認める原告勝訴の判決を下し、人工妊娠中絶合法化の契機となった。

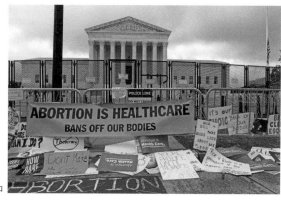

写真：AFP／アフロ

STEP 2 | 意味を確認する　　🔊 046

音声を聞いてから訳を見て、誤解している部分がないか内容を確認しましょう。理解があいまいな部分は、文字ではなく英語の音声に戻って、音から理解するようにするとリスニングスキルがアップします。スラッシュ（/や//）は意味のまとまりを表します。下線はStep 3で取り上げている箇所を示しています。

Abortion to be outlawed?

[01] **Anchor:** A **❶**draft opinion suggests / the Supreme Court could be ready to **❷**overturn the "Roe versus Wade" **❸**ruling / that **❹**legalized **❺**abortion **❻**nationwide. // AP Washington
[05] **❼**correspondent Sagar Meghani reports. //

Reporter: The document published in Politico strongly suggests / at least <u>five of the</u> nine justices voted to **❽**overrule "Roe" / shortly after **❾**hearing a case in December /
[10] **❿**challenging Mississippi's abortion **⓫**<u>ban</u> after 15 weeks. // In what's **⓬**labeled a first draft of the court's opinion, / Justice Samuel Alito writes, / "Roe was **⓭**egregiously wrong from the start." // The opinion essentially states /
[15] there is no **⓮**constitutional right to abortion / and that it's time to return the issue to the people's **⓯**elected **⓰**representatives. // That

アメリカで妊娠中絶が非合法に？

アンカー：ある意見書の草稿で、全国的に妊娠中絶を合法とした「ロー対ウェイド」判決を最高裁が覆す準備をしている可能性があると示唆されています。AP通信のワシントン特派員サガー・マガーニがお伝えします。

記者：「ポリティコ」に掲載された文書では、12月に行われた、妊娠15週以降の中絶を禁止するミシシッピ州法に異議を申し立てた訴訟の審理後間もなく、9人の判事のうち5人以上が「ロー」判決を覆す票を投じたことが、色濃く示唆されています。裁判所の意見書の第一稿とされるこの文書で、サミュエル・アリート判事が、「ロー判決はそもそも言語道断の誤りであった」と記しています。中絶に憲法上の権利はなく、この問題を選挙で選ばれた国民の代表者たちに戻すべき時だ、とこの意見書は基本的に述べています。これは、ミシシッピ州の（法律をめぐる）議論中にブレット・カバノー判事が口にした

---

❶ draft 草稿、原稿

❷ overturn ～を覆す、～を撤廃する

❸ ruling 判決、裁定

❹ legalize ～を合法化する

❺ abortion 妊娠中絶

❻ nationwide 全国で

❼ correspondent 特派員

❽ overrule ～を却下する、～を無効とする

❾ hear ～を審問する、～を審理する

❿ challenge ～に異議を申し立てる

⓫ ban （法による）禁止（令）

⓬ label A B AにBというラベルを付ける、A

をBとして分類する　★発音は [léibəl]。

⓭ egregiously 甚だしく、とんでもなく　★発音は [igríːdʒəsli]。

⓮ constitutional 憲法の、憲法上の

⓯ elected 投票によって選ばれた

⓰ representative 代表、代議士

^⑰echoes what Justice Brett Kavanaugh said / during the Mississippi arguments. //

^[20] **Kavanaugh:** Why should this court be the ^⑱arbiter? //

Reporter: It's unclear if the draft represents the final word on Roe / from ^⑲the high court, / which is expected to ^⑳rule on the case / as ^[25] soon as next month. // The ^㉑leak itself is an ^㉒extraordinary ^㉓breach / of the court's ^㉔secretive processes. // Sagar Meghani, Washington. //

(© VOA News, May 3, 2022
[「1000 時間ヒアリングマラソン 2022 年 9 月号」より])

内容をなぞっています。

カバノー：この裁判所が裁定者となるべき理由はあるのでしょうか？

記者：この草稿がロー判決に対する最高裁の最終判断を表しているのかどうかは不透明ですが、その最高裁は早ければ来月にもこの件についての裁定を下すことになると見られています。こうした情報漏えい自体、最高裁の秘密裏の手順における異例の違反です。ワシントンからサガー・マガーニがお伝えしました。

---

^⑰ **echo** ～を繰り返す、～に同調する

^⑱ **arbiter** 裁定者、調停人

^⑲ **the high court** 最高裁判所

^⑳ **rule on ～** ～について裁定を下す

^㉑ **leak** （情報の）漏えい

^㉒ **extraordinary** 異例の

^㉓ **breach** 違反、侵害

^㉔ **secretive** 秘密主義の、内密の

STEP 3 ｜ 意味のまとまりごとにリピーティングする　🔊047

意味のまとまりごとにポーズが入っている音声を聞いて、リピーティングの練習をします。
意味を頭に思い浮かべながら、なるべくスクリプトは見ずに、繰り返しリピーティングしましょう。その際、「リピーティングのポイント」を参考にして発話するといいでしょう。

※リピーティングの手順はp.6

リピーティングのポイント　※[ ]内の数字は、pp.120〜121のスクリプトの行数を示しています。

[07] five が強調されていますね。of the の the の音は本当に一瞬です。スムーズな文脈理解のためにも、しっかり音をインプットしておきましょう。

[10] この ban は短くてキャッチしづらいかもしれませんが、このニュースの中で大切な情報なので、しっかりと発音されています。何度も聞いて、音を確認しましょう。

[18] what がほんの一瞬ですが「ウッ」となって聞こえています。関係代名詞は意味的にも「あって当たり前」なので、あまりはっきりとは発音されません。この what から続く節（主語＋動詞）が echoes の目的語に当たることを、認識できるとよいですね。

[24] case と as がつながり、さらに as の s は次に子音の s が続いているため脱落しています。このように、子音が連続する音は往々にして聞き取りにくくなるので、何度も聞いてしっかりインプットしておきましょう。

EXTRA STEP ｜ オーバーラッピングとシャドーイングでさらなる高みへ　🔊046

余力があれば、さらに英語力をパワーアップする2つのトレーニング、オーバーラッピングとシャドーイングにも挑戦してみましょう。習熟度に合わせて、ポーズ入り（TRACK 047）、ポーズなし（TRACK 046）を選ぶとよいでしょう。

※オーバーラッピングとシャドーイングの手順はp.6

 **NEWS 04**

La Niña Phenomenon Appears to Be Prolonged

海面水温が下がるラニーニャ現象、長期化の様相

STEP 1 ｜ キーワードをチェックしながら聞く 🔊 048

ニュースを聞いて、以下の固有名詞が聞き取れたらチェックしましょう。これらの固有名詞が内容理解の流れを止めないよう、最初にしっかりインプットしておきます。全てチェックし終わるまで、繰り返し聞きましょう。

聞き取れたらチェック！

	固有名詞	読み	説明
☐	La Niña	ラニーニャ	★太平洋赤道域の海面水温が平年より低い状態が続く現象。同域の海面水温が上がる現象のエルニーニョ（スペイン語で「男児＝キリスト」の意味）に対して、「女児」を意味するスペイン語。
☐	the Horn of Africa	アフリカの角	★アラビア半島の南側に突き出たアフリカ東部の地域。
☐	Geneva	ジュネーブ	★国連の関係機関が多数置かれているスイスの都市。
☐	the World Meteorological Organization	世界気象機関	★＝WMO。気象に関する国連の専門機関。
☐	Pacific Ocean	太平洋	
☐	WMO spokeswoman Clare Nullis	WMO（世界気象機関）のクレア・ナリス報道官	
☐	South America	南アメリカ	
☐	Southeast Asia	東南アジア	

写真：AFP／アフロ

STEP 2 | 意味を確認する　🔊 048

音声を聞いてから訳を見て、誤解している部分がないか内容を確認しましょう。理解があいまいな部分は、文字ではなく英語の音声に戻って、音から理解するようにするとリスニングスキルがアップします。スラッシュ（/や//）は意味のまとまりを表します。下線はStep 3で取り上げている箇所を示しています。

La Niña Phenomenon Appears to Be Prolonged

[01] **Anchor:** ❶Meteorologists ❷predict / the La Niña weather ❸phenomenon is likely to ❹persist into next year, / ❺prolonging ❻devastating ❼drought conditions in the Horn [05] of Africa. // Lisa Schlein reports for VOA from Geneva. //

Reporter: The World Meteorological Organization says / La Niña, which started in 2020, / will continue until at least August / and [10] might persist into 2023. // La Niña ❽refers to the ❾large-scale cooling of ocean ❿surface ⓫temperatures / in the central and eastern ⓬equatorial Pacific Ocean. //

WMO spokeswoman Clare Nullis says / La [15] Niña affects temperatures and ⓭rainfall <u>patterns</u> / in different parts of the world. //

海面水温が下がるラニーニャ現象、長期化の様相

アンカー：気象学者たちは、ラニーニャ現象が来年まで続き、「アフリカの角」における壊滅的な干ばつ状況を長引かせる可能性が高いと予想しています。VOAのリサ・シュラインがジュネーブからお伝えします。

記者：世界気象機関（WMO）によると、2020年に始まったラニーニャ現象は少なくとも8月までは続き、2023年まで持続する可能性もあるとのことです。ラニーニャとは、太平洋の中央から東にかけた赤道付近で海面温度の大規模な低下が起こることを言います。

WMOのクレア・ナリス報道官は、ラニーニャが世界各地の気温や降雨パターンに影響を与えると語ります。

---

❶ **meteorologist**　気象学者

❷ **predict**　～と予測する

❸ **phenomenon**　現象、事象

❹ **persist**　持続する、根強く残る

❺ **prolong**　～を長引かせる

❻ **devastating**　壊滅的な

❼ **drought**　干ばつ、水不足

❽ **refer to ~**　～のことを言う、～を指す

❾ **large-scale**　大規模な

❿ **surface**　表面、水面

⓫ **temperature**　温度

⓬ **equatorial**　赤道直下の、赤道付近の

⓭ **rainfall**　降雨

⓮ **ongoing**　進行している、継続中の

⓯ **bear**　～を持つ、～を有する

⓰ **hallmark**　顕著な特徴、特質

⓱ **above-average**　平均より上の

⓲ **climate event**　気象現象

Nullis: Um, so the [14]ongoing drought in the Horn of Africa and southern South America, / you know, / [15]bear all the hul— [16]hallmarks of
[20] La Niña, / as does the [17]above-average rainfall in Southeast Asia. //

Reporter: The WMO says / all naturally occurring [18]climate events, / such as La Niña, / now [19]take place [20]in the context of
[25] human[21]-induced [22]climate change. // Lisa Schlein, for VOA News, Geneva. //

(© VOA News, June 11, 2022
[「1000時間ヒアリングマラソン2022年10月号」より])

ナリス：つまり、現在「アフリカの角」と南アメリカ南部で起きている干ばつは、ラニーニャのあらゆる特性を示すもので、東南アジアでの平年を上回る降雨も同様です。

記者：WMOは、ラニーニャのような自然に生じる気象現象は全て、現在では人間が引き起こした気候変動を背景に起こっていると言います。リサ・シュラインがジュネーブからVOAニュースをお伝えしました。

⑲ **take place** 起こる、発生する

⑳ **in the context of ~** ～を背景として、～と関連して

㉑ **~-induced** ～によって誘発された、～が引き起こした

㉒ **climate change** 気候変動

STEP 3 │ 意味のまとまりごとにリピーティングする　🔊 049

意味のまとまりごとにポーズが入っている音声を聞いて、リピーティングの練習をします。
意味を頭に思い浮かべながら、なるべくスクリプトは見ずに、繰り返しリピーティングしましょう。その
際、「リピーティングのポイント」を参考にして発話するといいでしょう。

※リピーティングの手順はp.6

リピーティングのポイント　　※[ ]内の数字は、pp.124〜125のスクリプトの行数を示しています。

[16] patterns の tern の部分は、音だけを追い掛けると「ル」のように聞こえます。その後
の R の発音で、舌をのどの奥にそらすので、こもった音になります。

[19] アメリカ英語であれば「ベェア」に近い発音になりますが、話者がイギリス発音なの
で、r の発音がこもりません。同じコンテンツに発音の違う話者がいるときは、耳の
切り替えも大切です。

[19] hallmarks の ll は「ル」にならないのがポイント。耳慣れない単語で、hall と marks
の 2 単語に聞こえたかもしれません。hallmark は、元は「金属の純度証明の刻印」の
ことで、そこから「太鼓判、品質証明」という意味になり、さらに派生してここでは「顕
著な特徴、特質」という意味合いです。

EXTRA STEP │ オーバーラッピングと シャドーイングでさらなる高みへ　🔊 048

余力があれば、さらに英語力をパワーアップする 2 つのトレーニング、オーバーラッピングとシャドーイン
グにも挑戦してみましょう。習熟度に合わせて、ポーズ入り（TRACK 049）、ポーズなし（TRACK 048）
を選ぶとよいでしょう。

※オーバーラッピングとシャドーイングの手順はp.6

NEWS 05

Former Prime Minister Abe Assassinated

演説中の安倍晋三元首相、銃弾に倒れる

STEP 1 ｜ キーワードをチェックしながら聞く

🔊 **050**

ニュースを聞いて、以下の固有名詞が聞き取れたらチェックしましょう。これらの固有名詞が内容理解の流れを止めないよう、最初にしっかりインプットしておきます。全てチェックし終わるまで、繰り返し聞きましょう。

聞き取れたらチェック！

☐	former Japanese Prime Minister Shinzo Abe	日本の安倍晋三元首相	★（1954-2022）。第90代（2006-07）、第96 ～ 98代（2012-20）内閣総理大臣。
☐	Nara	奈良県	
☐	Japan's Self-Defense Forces	自衛隊	★正式な英語表記は Japan Self-Defense Forces。
☐	Fumio Kishida	岸田文雄	★（1957-）。第100 ～ 101代内閣総理大臣（2021-）。

写真：REX / アフロ

SPOTLIGHT NEWS

STEP 2 | 意味を確認する 🔊 050

音声を聞いてから訳を見て、誤解している部分がないか内容を確認しましょう。理解があいまいな部分は、文字ではなく英語の音声に戻って、音から理解するようにするとリスニングスキルがアップします。スラッシュ（/や//）は意味のまとまりを表します。下線はStep 3で取り上げている箇所を示しています。

Former Prime Minister Abe Assassinated

[01] **Anchor:** Former Japanese Prime Minister Shinzo Abe has died / after being ❶assassinated / during a ❷campaign speech Friday. // ❸Authorities say he was shot in the chest / just

[05] minutes after he started his speech / in western Japan. // He was ❹airlifted to a local hospital. // The emergency department chief said / no ❺bullets were found in Abe's body / when he was ❻operated on. // He added Abe suffered

[10] major damage to his heart / ❼along with two neck wounds / that damaged an ❽artery. // The 67-year-old was ❾pronounced dead at the hospital. //

演説中の安倍晋三元首相、銃弾に倒れる

アンカー：日本の安倍晋三元首相が金曜日、選挙戦の（応援）演説中に暗殺され、死亡しました。当局によると、安倍氏は西日本で演説を開始してわずか数分後に胸を撃たれたとのことです。同氏は地元の病院にヘリコプターで搬送されました。救急部門の部長は、手術を行った際、安倍氏の体内から銃弾は発見されなかったと述べました。また、安倍氏は心臓に大きな損傷を受けたとともに首に2カ所の傷を受け、それにより動脈が損傷したとこの部長は付け加えました。この67歳の人物（安倍氏）は病院で死亡が伝えられました。

---

❶ **assassinate** ～を暗殺する

❷ **campaign** 選挙戦、選挙活動

❸ **authorities** 関係機関、当局 ★この意味では複数形。

❹ **airlift** ～を空輸する、～を航空機で運ぶ

❺ **bullet** 銃弾

❻ **operate on ~** ～（人）の手術をする

❼ **along with ~** ～と共に、～と併せて

❽ **artery** 動脈

❾ **pronounce A B** AがBであると宣言する、AがBであると公式に発表する

❿ **suspect** ～に嫌疑をかける

⓫ **grudge** 怨恨、恨み

⓬ **be identified as ~** ～と特定される

⓭ **resident** 住民、居住者

⓮ **current** 現在の

⓯ **assassination** 暗殺

⓰ **predecessor** 前任者

The [10]suspected killer admitted targeting
[15] Abe / and said he held a [11]grudge against an
organization / he believed the politician was
connected to. // That's what police said Friday.
// He's [12]been identified as [a] 41-year-old
[13]resident of Nara / and a former member of
[20] Japan's Self-Defense Forces. //

Japan's [14]current prime minister, Fumio
Kishida, / describes the [15]assassination of his
[16]predecessor / as an [17]unforgivable act. // AP
[18]correspondent Charles de Ledesma reports. //

[25] **Reporter:** Kishida tells the media, / "[19]In the
midst of an election, / which is the [20]root of
democracy, / this [21]dastardly event took place.
// I would like to use the [22]harshest words / to
[23]condemn this unforgivable act." // I'm
[30] Charles de Ledesma. //

(© VOA News, July 8, 2022
[「1000時間ヒアリングマラソン 2022年11月号」より])

殺害の容疑者は安倍氏を狙ったことを認め、この
政治家とつながりがあると同容疑者が信じているあ
る組織に対して、恨みを抱いていたと供述しました。
これは金曜日に警察が発表した情報です。容疑者は
奈良県在住の41歳で元自衛官と判明しています。

日本の現職の岸田文雄首相は、自らの前任者の暗
殺を許しがたい行為だと述べました。AP通信社のチ
ャールズ・デ・レデズマ記者がお伝えします。

記者: 岸田首相はメディアに対し、「民主主義の根幹
である選挙が行われている中で、この卑劣な蛮行が
起こった。許すことのできないこの行為を、最大限
の厳しい言葉で非難したい」と述べました。チャー
ルズ・デ・レデズマがお伝えしました。

---

[17] **unforgivable** 許されざる

[18] **correspondent** 特派員、記者

[19] **in the midst of ~** ～のさなかに

[20] **root** 根源、基底

[21] **dastardly** 卑劣な

[22] **harsh** 厳しい、強い

[23] **condemn** ～を非難する

STEP 3 | 意味のまとまりごとにリピーティングする　　🔊 051

意味のまとまりごとにポーズが入っている音声を聞いて、リピーティングの練習をします。
意味を頭に思い浮かべながら、なるべくスクリプトは見ずに、繰り返しリピーティングしましょう。その
際、「リピーティングのポイント」を参考にして発話するといいでしょう。

※リピーティングの手順はp. 6

リピーティングのポイント　　※[　]内の数字は、pp. 128〜129のスクリプトの行数を示しています。

[02] has の ha が「ハ」ではなく「ヒ」のように聞こえます。現在完了形を作る助動詞 has
は文に時間のニュアンスを加えますが、音は一瞬で、発音のブレが起きやすい箇所で
もあります。音と意味の両方から理解のアプローチができるようにしていきましょう。

[04] was の wa の音は詰まって聞き取りにくいです。文脈から過去形であることは明らか
なので、より早く発音されています。

[08] when の n と次の語の he がつながって「ニィ」になっています。このパターンはよく
あるので、同じスピードで発音できるようにリピーティング練習しておきましょう。

[23] 音を聞くと pre + decessor のように 2 単語で認識しそうな発音です。冒頭にアクセ
ントが来ます。

EXTRA STEP | オーバーラッピングと シャドーイングでさらなる高みへ　　🔊 050

余力があれば、さらに英語力をパワーアップする 2 つのトレーニング、オーバーラッピングとシャドーイン
グにも挑戦してみましょう。習熟度に合わせて、ポーズ入り（TRACK 051）、ポーズなし（TRACK 050）を
選ぶとよいでしょう。

※オーバーラッピングとシャドーイングの手順はp. 6

 **NEWS 06**

Former Soviet President Mikhail Gorbachev Passed Away

ソビエト連邦最後の指導者ミハイル・ゴルバチョフ逝く

STEP 1 | キーワードをチェックしながら聞く　　🔊 052

ニュースを聞いて、以下の固有名詞が聞き取れたらチェックしましょう。これらの固有名詞が内容理解の流れを止めないよう、最初にしっかりインプットしておきます。全てチェックし終わるまで、繰り返し聞きましょう。

聞き取れたらチェック！

☐	Mikhail Gorbachev	ミハイル・ゴルバチョフ	★ (1931-2022)。ソビエト連邦の最高職である共産党書記長（1985-91）と初代大統領（1990-91）を歴任した。冷戦を終結させたことで1990年ノーベル平和賞を受賞している。
☐	the Soviet Union	ソビエト連邦	★ (1922-91)。モスクワを首都とした社会主義国家。冷戦時代にアメリカと対立した超大国。
☐	the Eastern European nations	東ヨーロッパ諸国	
☐	the Berlin Wall	ベルリンの壁	★ (1961-89)。第二次世界大戦後の東西ドイツ分割統治において、人々が東ドイツから西側に逃げ出すことを防ぐため、東西ベルリンの境界に建てられていた壁。
☐	the Cold War	冷戦	★アメリカを中心とする西側諸国とソ連を中心とする東側諸国の間で続いていた緊張関係。
☐	the United States	アメリカ合衆国	

写真：ロイター / アフロ

STEP 2 │ 意味を確認する

🔊 052

音声を聞いてから訳を見て、誤解している部分がないか内容を確認しましょう。理解があいまいな部分は、文字ではなく英語の音声に戻って、音から理解するようにするとリスニングスキルがアップします。スラッシュ（/や//）は意味のまとまりを表します。下線はStep 3で取り上げている箇所を示しています。

Former Soviet President Mikhail Gorbachev Passed Away

[01] **Anchor:** Russian media reports / Mikhail Gorbachev, the last leader of the Soviet Union, has died. // He was 91. // The AP's Ed Donahue reports. //

[05] **Reporter:** He was ❶in power less than seven years, / but Gorbachev ❷unleashed ❸a ❹breathtaking series of changes. //

❺**U.S. President Ronald Reagan (❻West Berlin, 1987):** Mr. Gorbachev, ❼tear down [10] this wall. <cheers> //

ソビエト連邦最後の指導者 ミハイル・ゴルバチョフ逝く

アンカー：ソビエト連邦最後の指導者、ミハイル・ゴルバチョフ氏が死去したとロシアのメディアが伝えました。91歳でした。AP通信のエド・ドナヒューが伝えます。

記者：政権の座に就いていたのは7年弱でしたが、ゴルバチョフ氏は驚くような変化を次々ともたらしました。

ロナルド・レーガン米大統領（西ベルリンにて、1987年）：ミスター・ゴルバチョフ、この壁を壊しなさい。＜歓声＞

---

❶ **in power** 権力を握って、政権の座にあって

❷ **unleash** ～を解き放つ、～を引き起こす

❸ **a series of ~** 一連の～、立て続けの～

❹ **breathtaking** 息をのむような、あっと驚くような

❺ **U.S. President Ronald Reagan** ロナルド・レーガン米大統領 ★（1911-2004）。第40代アメリカ大統領（1981-89）。共和党。

❻ **West Berlin** 西ベルリン ★ドイツが東西に分断された際、ベルリン市も東ベルリンと西ベルリンに分断された。

❼ **tear down ~** ～を取り壊す

❽ **fray** ほころびが生じる、擦り切れる

❾ **domination** 支配、優位

❿ **topple** 倒れる、崩壊する

⓫ **cooperation** 協力、協調

⓬ **problem-solving** 問題解決

⓭ **voice-over** 吹き替えの

⓮ **declare** ～を宣言する

Reporter: It included the [8]fraying of Eastern European nations from Russian [9]domination / and the [10]toppling of the Berlin Wall. // Years later, Gorbachev said / the end of the Cold War was a moment in history / for global [11]cooperation and [12]problem-solving / but it didn't happen. //

Gorbachev ([13]voice-over): The West — and particularly the United States — [14]declared victory in the Cold War. // [15]Euphoria and [16]triumphalism [17]went to the heads of Western leaders. //

Reporter: Gorbachev [18]resigned in 1991. // The Soviet Union later [19]collapsed. // News organizations [20]quoted a statement / saying Gorbachev died after a long illness. // I'm Ed Donahue. //

(© VOA News, August 30, 2022
[「1000時間ヒアリングマラソン 2022年12月号」より])

記者：その中には、東欧諸国のロシア支配からの脱却や、ベルリンの壁の崩壊も含まれました。数年後、ゴルバチョフ氏は、冷戦終結は世界の協調と問題解決に向かうはずの歴史的瞬間であったのに、そうはならなかったと述べました。

ゴルバチョフ（吹き替え）：西側―特にアメリカ―が冷戦の勝利を宣言しました。高揚感と勝ち誇った気持ちから、西側指導者たちは思い上がってしまったのです。

記者：ゴルバチョフ氏は1991年に辞任しました。その後、ソビエト連邦は崩壊しました。報道機関は、ゴルバチョフ氏が長年の闘病の末に亡くなったという発表を引用しています。エド・ドナヒューがお伝えしました。

[15] **euphoria** 多幸感、高揚感

[16] **triumphalism** 勝ち誇った態度

[17] **go to the heads of ~** ～を慢心させる、～をうぬぼれさせる

[18] **resign** 辞任する

[19] **collapse** 崩壊する

[20] **quote** ～を引用する

STEP 3 │ 意味のまとまりごとにリピーティングする　　◀》 053

意味のまとまりごとにポーズが入っている音声を聞いて、リピーティングの練習をします。
意味を頭に思い浮かべながら、なるべくスクリプトは見ずに、繰り返しリピーティングしましょう。その
際、「リピーティングのポイント」を参考にして発話するといいでしょう。

※リピーティングの手順はp. 6

リピーティングのポイント　　※[　]内の数字は、pp. 132～133のスクリプトの行数を示しています。

[09] tear down ~（～を取り壊す）の tear（～を引き裂く）は、ここでのように「テア」と
発音されます。一方、「涙」「涙を浮かべる」を意味する tear は、まったく同じスペル
ですが発音は「ティア」。文字で見ると混乱しそうですが、音であれば認識しやすいで
すね。なお、単語を辞書で調べたら、必ず発音をセットで覚えてください。そこから
さらに、文中での音のつながり方によって発音は変化するので、基本の音は正確に押
さえる習慣を付けましょう。

[20] 聞き慣れない単語なので、「フォリア」だけが耳に残ったかもしれません。Europe な
どと同様に eu の音は「ユ」に近く、ここでは速く発音されて一瞬の音になっています。

発音の面では、比較的聞き取りやすいニュースだったのではないでしょうか。前置詞
や冠詞など、つながって速くなる部分を意識できるようになってきましたか？ シャド
ーイングやリピーティングで実際にどこが「言いにくい」のかをじっくりひもとけば、
自分の弱点強化につながります。丁寧に音の訓練を続けていきましょう。

EXTRA │ オーバーラッピングと
STEP │ シャドーイングでさらなる高みへ　　◀》 052

余力があれば、さらに英語力をパワーアップする2つのトレーニング、オーバーラッピングとシャドーイン
グにも挑戦してみましょう。習熟度に合わせて、ポーズ入り（TRACK 053）、ポーズなし（TRACK 052）を
選ぶとよいでしょう。

※オーバーラッピングとシャドーイングの手順はp. 6

Queen Elizabeth II Dies

70年間英国君主として在位したエリザベス女王生涯を閉じる

STEP 1 │ キーワードをチェックしながら聞く　　🔊 054

ニュースを聞いて、以下の固有名詞が聞き取れたらチェックしましょう。これらの固有名詞が内容理解の流れを止めないよう、最初にしっかりインプットしておきます。全てチェックし終わるまで、繰り返し聞きましょう。

聞き取れたらチェック！

☐	Queen Elizabeth II	女王エリザベス2世	★（1926-2022）。1952年から70年におよぶ在位を誇ったイギリス女王。
☐	Parliament	（イギリスなどの）国会、議会	
☐	London	ロンドン	
☐	David Beckham	デビッド・ベッカム	★（1975-）。イギリスの元サッカー選手。
☐	Westminster Hall	ウェストミンスターホール	★国会議事堂のあるウェストミンスター宮殿内のホール。
☐	King Charles III	国王チャールズ3世	★（1948-）。国王に即位した、エリザベス2世の長男。
☐	Princess Anne, Prince Andrew and Prince Edward	アン王女、アンドルー王子、エドワード王子	★エリザベス2世の長女、次男、三男。
☐	Princes William and Harry	ウィリアム皇太子、ヘンリー王子	★チャールズ3世の長男、次男。Harry は愛称で本名は Henry。

写真：代表撮影 / ロイター / アフロ

STEP 2 │ 意味を確認する

🔊 054

音声を聞いてから訳を見て、誤解している部分がないか内容を確認しましょう。理解があいまいな部分は、文字ではなく英語の音声に戻って、音から理解するようにするとリスニングスキルがアップします。スラッシュ（/や//）は意味のまとまりを表します。下線はStep 3で取り上げている箇所を示しています。

Queen Elizabeth II Dies

[01] **Anchor:** ❶Throngs of people continue to ❷line up / and ❸file past Queen Elizabeth II's ❹coffin / as it ❺lies in state at Parliament / — today, some of them ❻witnessing a ❼vigil by her
[05] children. // AP correspondent Ben Thomas has more. //

Reporter: ❽Mourners have ❾ranged from young children to London ❿retirees / to former England ⓫soccer captain David Beckham. //

[10] **Beckham:** We've been lucky as a nation / to have someone that has led us / the way ⓬Her Majesty has led us. //

70年間英国君主として在位したエリザベス女王生涯を閉じる

アンカー：大勢の人々が次々と列を成して、国会議事堂に安置された女王エリザベス2世のひつぎのそばを順番に通り過ぎてゆき――その一部は今日、女王の子どもたちによる寝ずの番に立ち合っています。AP通信の特派員ベン・トーマスが詳しくお伝えします。

記者：弔問者は、幼い子どもからロンドンに住む退職者、そしてサッカーの元イングランド代表キャプテン、デビッド・ベッカム氏にまで及びます。

ベッカム：女王陛下のように国民を率いる方がいてくださった国であることは、光栄でした。

---

❶ **throngs of ~** 多数の～、大勢の～

❷ **line up** 列を成す、行列する

❸ **file past ~** 列を成して～の前 [そば] を通り過ぎる

❹ **coffin** ひつぎ

❺ **lie in state** （埋葬前に）公開安置される

❻ **witness** ～を目撃する、～に立ち合う

❼ **vigil** （交代制の）不寝番、寝ずの番

❽ **mourner** 悼む人、弔問者

❾ **range from A to B** AからBに及ぶ

❿ **retiree** 退職者

⓫ **soccer** ★アメリカ英語。イギリス英語では

footballだが、アメリカの視聴者に合わせた言葉遣いをしている。

⓬ **Her Majesty** 女王陛下

⓭ **atmosphere** 雰囲気

⓮ **somber** 粛々とした、厳粛な、重苦しい

⓯ **reverential** 畏敬の念に満ちた

Reporter: Inside Westminster Hall, / the ⑬atmosphere has been ⑭somber, ⑮reverential. // Friday, a few witnessed King Charles III and his ⑯siblings, / Princess Anne, Prince Andrew and Prince Edward, / arrive and stand vigil for 15 minutes, / backs to the ⑰flag-draped coffin, heads ⑱bowed. // Saturday, the queen's eight grandchildren, including Princes William and Harry, / will hold a similar vigil. // Meantime, the British government has warned those wanting to ⑲come ⑳pay their respects / that the waiting time has ㉑climbed to more than 24 hours, / the ㉒queue stretching 5 ㉓miles. // I'm Ben Thomas. //

(© VOA News, September 16, 2022
[「1000 時間ヒアリングマラソン 2023 年 1 月号」より])

記者：ウェストミンスターホールの中の雰囲気は厳粛で、畏敬の念に満ちています。金曜日には、国王チャールズ3世とそのきょうだいであるアン王女、アンドルー王子、エドワード王子が現れて、15分間、国旗で覆われたひつぎを背に頭を垂れて寝ずの番に就く場に、何人かが立ち合いました。土曜日には、ウィリアムとハリーの両王子を含む女王の8人の孫たちが同様に寝ずの番に就く予定です。一方、イギリス政府は弔問に訪れようと思っている人々に、待ち時間が24時間を超え列が5マイル（約8キロメートル）にまで延びていると、注意を促しています。ベン・トーマスがお伝えしました。

⑯ **sibling** （男女問わず）きょうだい

⑰ **flag-draped** 旗で覆われた

⑱ **bow** 〜（頭）を垂れる

⑲ **come do** 〜しに来る　★= come and do = come to do

⑳ **pay one's respects** 弔問する

㉑ **climb** 上昇する、増大する

㉒ **queue** 行列　★イギリス英語。発音は [kjúː]。

㉓ **mile** マイル　★約1.6キロメートル。

STEP 3 | 意味のまとまりごとにリピーティングする　🔊 055

意味のまとまりごとにポーズが入っている音声を聞いて、リピーティングの練習をします。
意味を頭に思い浮かべながら、なるべくスクリプトは見ずに、繰り返しリピーティングしましょう。その
際、「リピーティングのポイント」を参考にして発話するといいでしょう。

※リピーティングの手順はp.6

リピーティングのポイント　※[　]内の数字は、pp.136〜137のスクリプトの行数を示しています。

[02] ローマ数字を発音する際は the second's のように the を付ける必要があります。リポ
ートや資料を読み上げる際に覚えておきたいポイント。日付の1＝ first、2＝ second、
3＝ third なども同様です。併せて覚えておきましょう。

[18] drape の a は「エイ」と発音しますが、この話者の発音だと「イ」が一瞬しか聞こえ
ません。直後の coffin を修飾する形容詞で、文意をつかむ上では重要度の低い語なの
で、速く読まれているのかもしれません。

[21] will は速く短く発音されています。文脈から未来を表していることが明らかだからで
すね。音に惑わされずに意味を追う癖もつけていきましょう。

[23] one にも聞こえそうな音ですが、wanting です。アメリカ発音で tin が「ニン」となる
ため、前の n が重なってより一瞬に聞こえています。音が one と聞こえても、直前に
those があるので、one が続くことはほとんどありません。正しく聞き取れなくても
瞬時に軌道修正できるよう、意味を考えながら何度も聞いていきましょう。

EXTRA STEP | オーバーラッピングと シャドーイングでさらなる高みへ　🔊 054

余力があれば、さらに英語力をパワーアップする2つのトレーニング、オーバーラッピングとシャドーイン
グにも挑戦してみましょう。習熟度に合わせて、ポーズ入り（TRACK 055）、ポーズなし（TRACK 054）
を選ぶとよいでしょう。

※オーバーラッピングとシャドーイングの手順はp.6

Britain's New Prime Minister

リシ・スナク元財務相、英国初のアジア系首相に

STEP 1 | キーワードをチェックしながら聞く　　🔊 056

ニュースを聞いて、以下の固有名詞が聞き取れたらチェックしましょう。これらの固有名詞が内容理解の流れを止めないよう、最初にしっかりインプットしておきます。全てチェックし終わるまで、繰り返し聞きましょう。

聞き取れたらチェック！

☐	Rishi Sunak	リシ・スナク	★（1980-）。イギリスの首相、保守党党首（共に2022-）。前任者のトラスが経済政策の失政で辞任したことを受け無投票で保守党党首に。同時に首相に就任。イギリスでは20世紀以降、最も若く、かつ同国史上初の非白人・アジア系の首相。
☐	Liz Truss	リズ・トラス	★（1975-）。イギリスの前首相。在任期間は2022年9月6日から10月25日。経済政策の失敗により、就任からわずか1カ月半で党首退任を表明。これに伴い首相からも退任。
☐	Buckingham Palace	バッキンガム宮殿	★イギリス国王の公邸。
☐	Ukraine	ウクライナ	★発音は [ju:kréin]。東ヨーロッパに位置する共和制国家。首都はキーウ。2014年のロシアによるクリミア半島への軍事介入に続き、2022年2月24日以降、ウクライナ全土へのロシアからの攻撃を受け、戦闘状態が続いている。

写真：ロイター / アフロ

STEP 2 | 意味を確認する

🔊 056

音声を聞いてから訳を見て、誤解している部分がないか内容を確認しましょう。理解があいまいな部分は、文字ではなく英語の音声に戻って、音から理解するようにするとリスニングスキルがアップします。スラッシュ（/や//）は意味のまとまりを表します。下線はStep 3で取り上げている箇所を示しています。

Britain's New Prime Minister

[01] **Anchor:** ❶Rishi Sunak has ❷swiftly become Britain's ❸prime minister, / replacing ❹Liz Truss, / who was ❺in charge for less than two months. // AP ❻correspondent Mimi Montgomery [05] reports. //

Sunak: I've just been to ❼Buckingham Palace / and accepted ❽His Majesty the King's ❾invitation to form a government in his name. //

Reporter: Sunak's next move is / to ❿appoint a [10] new team / ⓫tasked with ⓬tackling a wide range of challenges, / not just economic. //

リシ・スナク元財務相、英国初のアジア系首相に

アンカー：リシ・スナク氏が、在任期間が2カ月に満たなかったリズ・トラス氏に代わって、速やかにイギリス首相に就任しました。APのミミ・モンゴメリー記者が伝えます。

スナク：つい先ほどバッキンガム宮殿に出向いて、国王の名の下に政府を発足させよとの国王陛下からのご要請をお受けしてきました。

記者：スナク氏の次の一手は、経済に限らず広い範囲の課題に取り組む任務を負った、新しいチーム（内閣）を任命することです。

---

❶ **Rishi Sunak** リシ・スナク ★➡p. 139 「聞き取れたらチェック!」参照。

❷ **swiftly** 迅速に、速やかに

❸ **prime minister** 首相

❹ **Liz Truss** リズ・トラス ★➡p. 139 「聞き取れたらチェック!」参照。

❺ **in charge** 責任者で、政権を担って

❻ **correspondent** 特派員

❼ **Buckingham Palace** バッキンガム宮殿 ★➡p. 139 「聞き取れたらチェック!」参照。

❽ **His Majesty the King** 国王陛下

❾ **invitation** 要請

❿ **appoint** 〜を任命する

⓫ **tasked with 〜** 〜の任務を負った

⓬ **tackle** 〜に取り組む、〜に対処する

⓭ **profound** 深刻な

⓮ **aftermath** 余波、影響

⓯ **COVID** ★ = coronavirus disease（コロナウイルス感染症）。

Sunak: Right now, / our country is facing <u>a</u>
⑬profound economic crisis. // The ⑭aftermath
of ⑮COVID still ⑯lingers. // ⑰<u>Putin's</u> war in
[15] ⑱Ukraine has ⑲destabilized energy markets
and supply chains ⑳the world over. //

Reporter: Mimi Montgomery, London. //

(© VOA News, October 26, 2022)

スナク：今、わが国は深刻な経済危機に直面してい
ます。コロナの余波がまだ続いています。プーチン
がウクライナで始めた戦争により、世界中のエネル
ギー市場とサプライチェーンが不安定になっていま
す。

記者：ミミ・モンゴメリーがロンドンからお伝えし
ました。

⑯ **linger** 長引く、消えずに残る

⑰ **(Vladimir) Putin** （ウラジーミル・）プー
チン ★（1952-）。ロシア大統領（2000-
2008、2012-）。

⑱ **Ukraine** ウクライナ ★➡ p. 139「聞き
取れたらチェック!」参照。

⑲ **destabilize** 〜を不安定にする

⑳ **the world over** 世界中で

STEP 3 │ 意味のまとまりごとにリピーティングする　　🔊 057

意味のまとまりごとにポーズが入っている音声を聞いて、リピーティングの練習をします。
意味を頭に思い浮かべながら、なるべくスクリプトは見ずに、繰り返しリピーティングしましょう。その
際、「リピーティングのポイント」を参考にして発話するといいでしょう。

※リピーティングの手順はp.6

リピーティングのポイント　　※[ ]内の数字は、pp.140〜141のスクリプトの行数を示しています。

[07] 子音が続くと、片方の発音が省略されることが多々あります。accepted の p の発音は、
後半が省かれており、ほとんど聞こえません。これは p のために両唇を軽く閉じるの
とほぼ同時に口内で t の構えをし、両唇は緩やかに軽くひらきつつ上歯茎の裏辺りで
呼気を破裂させているためです。

[08] 不定冠詞は通常あいまい母音で発音しますが、強調したい場合は「エィ」と発音しま
[12] しょう。スナク首相が、to form a government と、our country is facing a profound
economic crisis の2カ所で不定冠詞の a を「エィ」と強調しています。よく聞いて繰
り返し、自分が話すときにも使えるようにしておきましょう。

[14] Putin の発音は、日本語のカタカナ読み「プーチン」に引きずられないよう注意しま
しょう。英国式では、tin の部分は「ティン」と響きます。一方、北米式であれば、t
の発音は curtain や button の t と同様に、飲み込むようなイメージで t のための呼気
の破裂はさせません。

EXTRA STEP │ オーバーラッピングと シャドーイングでさらなる高みへ　　🔊 056

余力があれば、さらに英語力をパワーアップする2つのトレーニング、オーバーラッピングとシャドーイン
グにも挑戦してみましょう。習熟度に合わせて、ポーズ入り（TRACK 057）、ポーズなし（TRACK 056）を
選ぶとよいでしょう。

※オーバーラッピングとシャドーイングの手順はp.6

NEWS 09

U.S. Midterm Election: Giant Red Wave Hasn't Happened

米中間選挙：共和党圧勝の「赤い大波」は起きず

STEP 1 │ キーワードをチェックしながら聞く   🔊 058

ニュースを聞いて、以下の固有名詞が聞き取れたらチェックしましょう。これらの固有名詞が内容理解の流れを止めないよう、最初にしっかりインプットしておきます。全てチェックし終わるまで、繰り返し聞きましょう。

聞き取れたらチェック！

☐	Joe Biden	ジョー・バイデン	★（1942- ）。アメリカ大統領（2021- ）。民主党所属。
☐	Democrat	民主党員	
☐	Republican	共和党の、共和党員、共和党支持者	

写真：ロイター / アフロ

STEP 2 | 意味を確認する
🔊 **058**

音声を聞いてから訳を見て、誤解している部分がないか内容を確認しましょう。理解があいまいな部分は、文字ではなく英語の音声に戻って、音から理解するようにするとリスニングスキルがアップします。スラッシュ（/や//）は意味のまとまりを表します。下線はStep 3で取り上げている箇所を示しています。

U.S. Midterm Election: Giant Red Wave Hasn't Happened

[01] **Anchor:** This is VOA News. // ❶Via remote, / I'm Marissa Melton. // U.S. President ❷Joe Biden is <u>feeling ❸emboldened</u> / after ❹Democrats ❺defied ❻predictions of a big [05] ❼Republican gain / during the ❽midterm elections on Tuesday. // AP Washington correspondent Sagar Meghani has more. //

Reporter: At a ❾news conference, / the president ❿noted <u>the press and ⓫pundits</u> [10] <u>⓬forecast a giant ⓭red wave</u>. //

Biden: It didn't happen. //

Reporter: Instead . . . //

Biden: Democrats had a strong night. //

米中間選挙：共和党圧勝の「赤い大波」は起きず

アンカー：VOA ニュースです。マリッサ・メルトンがリモートでお届けします。アメリカのジョー・バイデン大統領は火曜日、中間選挙で共和党が大勝するとの予測を民主党がはね返したことに気を良くしています。AP 通信のワシントン特派員サガー・メガーニ記者が詳しくお伝えします。

記者：記者会見で大統領は、報道や専門家らが赤い大波（共和党の圧勝）を予想していたことに言及しました。

バイデン：そうはなりませんでした。

記者：その代わり……

バイデン：民主党は力強い夜を過ごしました。

---

❶ **via** ～経由で、～を用いて

❷ **Joe Biden** ジョー・バイデン ★➡p. 143 「聞き取れたらチェック!」参照。

❸ **emboldened** 勇気づけられた

❹ **Democrat** 民主党員

❺ **defy** ～に反する、～（予想など）を覆す

❻ **prediction** 予想、予測

❼ **Republican** 共和党の ★21 行目では名詞で「共和党員、（複数形で）共和党」。

❽ **midterm election** 中間選挙

❾ **news conference** 記者会見

❿ **note that . . .** …であることを指摘する、…だと述べる

⓫ **pundit** 学識経験者、専門家

⓬ **forecast** 予測する ★過去、過去分詞も同形。ここでは過去形。

⓭ **red** ★アメリカの選挙速報番組などで「共和党」を表す色。

⓮ **House (of Representatives)** 下院

Reporter: … limiting Republican gains in the [15] ⑭House / and keeping a potential path toward holding the ⑮Senate ⑯majority. // At the same time . . . //

記者：……下院での共和党の獲得議席をある程度に抑え、上院では過半数維持に到達する可能性を残しています。それと同時に……

Biden: The voters were also clear that / they are still frustrated.// I get it. //

バイデン：有権者がまだ不満を感じていることも明白でした。分かってますとも。

[20] **Reporter:** But the president says / while he'⑰s willing to ⑱compromise with Republicans / ⑲amid the ⑳likelihood of ㉑divided government . . . //

記者：しかし大統領は、ねじれ議会となる可能性のある中で共和党に歩み寄る用意があると述べつつも……

Biden: <u>I'm not gonna change anything / in any</u> [25] ㉒<u>fundamental way.</u> //

バイデン：根本的な部分は何も変えるつもりはありません。

Reporter: Sagar Meghani, Washington. //

記者：サガー・メガーニがワシントンからお伝えしました。

（© VOA News, November 19, 2022）

---

⑮ **Senate** 上院

⑯ **majority** 過半数、多数党

⑰ **be willing to do** ～するつもりがある、～するのをいとわない

⑱ **compromise** 妥協する、歩み寄る

⑲ **amid** ～のさなかにあって

⑳ **likelihood** 公算、可能性

㉑ **divided** 分裂した ★divided government は、上下院で多数党が異なる「ねじれ議会」を指す。

㉒ **fundamental** 根本的な

STEP 3 | 意味のまとまりごとにリピーティングする　◀)) 059

意味のまとまりごとにポーズが入っている音声を聞いて、リピーティングの練習をします。
意味を頭に思い浮かべながら、なるべくスクリプトは見ずに、繰り返しリピーティングしましょう。その際、「リピーティングのポイント」を参考にして発話するといいでしょう。
※リピーティングの手順はp.6

リピーティングのポイント　※[ ]内の数字は、pp.144〜145のスクリプトの行数を示しています。

[03]
[09]
[10] 意味のまとまりを意識しましょう。アンカーが feeling emboldened、記者が the press and pundits および red wave と言っている箇所をよく聞いてみてください。声の高さを上下させることと間をうまく調節して、意味のまとまりを音に反映させています。こうした点を意識してリピーティング練習をすると、もっと伝わる話し方ができるようになるでしょう。

[04] 民主党を意味する Democrats の発音に注意しましょう。語頭に強勢を置いて「デ」、mo の母音はあいまい母音ですから口を閉じ気味に軽く「ァ」と言うイメージで発音しましょう。一方で、民主主義を意味する democracy では、語頭の de を「ディ」、mo を「マー」と高く長く強調して言うと通じやすくなります。また、民主的なという意味の democratic では、後半の cra の部分を強調し、t は d のように濁らせる傾向にあります。

[24] 話し言葉らしいくだけた発音です。直前の記者の読み上げ音声とは対照的ですね。とくに fundamental の崩れ方に耳と口を慣らしておきましょう。

EXTRA STEP | オーバーラッピングとシャドーイングでさらなる高みへ　◀)) 058

余力があれば、さらに英語力をパワーアップする2つのトレーニング、オーバーラッピングとシャドーイングにも挑戦してみましょう。習熟度に合わせて、ポーズ入り（TRACK 059）、ポーズなし（TRACK 058）を選ぶとよいでしょう。
※オーバーラッピングとシャドーイングの手順はp.6

NEWS 10

World Cup: Finally in Messi's Hands

メッシの悲願、ワールドカップでアルゼンチン優勝

STEP 1 | キーワードをチェックしながら聞く

🔊 060

ニュースを聞いて、以下の固有名詞が聞き取れたらチェックしましょう。これらの固有名詞が内容理解の流れを止めないよう、最初にしっかりインプットしておきます。全てチェックし終わるまで、繰り返し聞きましょう。

聞き取れたらチェック！

Buenos Aires	ブエノスアイレス	★アルゼンチンの首都。
Lionel Messi	リオネル・メッシ	★（1987- ）。アルゼンチンのサッカー選手。
Kylian Mbappé	キリアン・エムバペ	★（1998- ）。フランスのサッカー選手。
Emmanuel Macron	エマニュエル・マクロン	★（1977- ）。フランス大統領（2017- ）。
Champs-Élysées	シャンゼリゼ	★パリの大通り。

写真：ロイター / アフロ

SPECIAL INTERVIEW | INTERVIEW PLAYBACK 1 | INTERVIEW PLAYBACK 2 | INTERVIEW PLAYBACK 3

SPOTLIGHT NEWS

STEP 2 | 意味を確認する　　　🔊 060

音声を聞いてから訳を見て、誤解している部分がないか内容を確認しましょう。理解があいまいな部分は、文字ではなく英語の音声に戻って、音から理解するようにするとリスニングスキルがアップします。スラッシュ（/や//）は意味のまとまりを表します。下線はStep 3で取り上げている箇所を示しています。

World Cup: Finally in Messi's Hands

[01] **Anchor:** <u>Fans in **❶**Buenos Aires</u> will be **❷**celebrating into the **❸**wee hours / after **❹**Argentina's win over France 4-2 / in a **❺**penalty <u>shootout</u> / in Sunday's World Cup [05] finals match. // Argentina's **❻**Lionel Messi finally has won the biggest prize in soccer.// Despite France's **❼**Kylian Mbappé scoring the first World Cup **❽**<u>hat trick</u> since 1966, / Argentina won after a 3-3 draw. //

[10]　**❾**Dejected, but still proud of France's World Cup team, / French President **❿**Emmanuel Macron **⓫**congratulated <u>Argentina and **⓬**Argentines</u> / for their win in Sunday's final. // He **⓭**sought to **⓮**console the **⓯**devastated [15] Mbappé and other France players in the locker room. // He praised Mbappé's **⓰**extraordinary performance / and stressed that / he's only 24

メッシの悲願、ワールドカップでアルゼンチン優勝

アンカー：ブエノスアイレスのファンたちは、日曜日のワールドカップ決勝戦のPK戦でフランスを4対2で下したことを、夜半を過ぎても祝い続ける模様です。アルゼンチンのリオネル・メッシが、サッカー界最大の栄誉をとうとう手に入れました。フランスのキリアン・エムバペが1966年以来となるワールドカップでのハットトリックを決めたものの、3対3の同点となった後、アルゼンチンが勝利しました。

　落胆しつつもなおフランスのワールドカップ代表チームへの誇りを胸に、フランスのエマニュエル・マクロン大統領はアルゼンチンとアルゼンチン国民に向けて日曜日の決勝戦での勝利を祝う言葉を贈りました。彼はロッカールームで、意気消沈したエムバペらフランス選手たちをしきりに慰めました。大統領はエムバペの偉業をたたえ、弱冠24歳にしてワールドカップ決勝戦に既に2度出場している彼の類

---

❶Buenos Aires ブエノスアイレス ★➡ p.147「聞き取れたらチェック!」参照。

❷celebrate 祝杯を挙げる、浮かれ騒ぐ

❸wee hours 真夜中過ぎ

❹Argentina アルゼンチン

❺penalty shootout PK戦、ペナルティーキックによる勝敗決定

❻Lionel Messi リオネル・メッシ ★➡ p.147「聞き取れたらチェック!」参照。

❼Kylian Mbappé キリアン・エムバペ ★➡ p.147「聞き取れたらチェック!」参照。

❽hat trick ハットトリック ★1人の選手が1試合に3点以上得点すること。

❾dejected 落胆した

❿Emmanuel Macron エマニュエル・マクロン ★➡ p.147「聞き取れたらチェック!」参照。

⓫congratulate ～に祝いの言葉を述べる

⓬Argentine アルゼンチン人

⓭seek to do ～しようと試みる ★soughtはseekの過去・過去分詞。

and has already had the rare experience of playing in two World Cup finals. // Macron [20] said / the French players are expected to return to France Monday / and p—parade down the ⑰Champs-Élysées. // By remote, / Diane Roberts, / VOA News. //

(© VOA News, December 19, 2022)

いまれな経験を強調しました。マクロン大統領によると、選手たちは月曜日にフランスに帰国し、シャンゼリゼ大通りをパレードするということです。ダイアン・ロバーツがリモートでVOAニュースをお伝えしました。

---

⑭ **console** 〜を慰める

⑮ **devastated** 打ちのめされた、ひどく落ち込んだ

⑯ **extraordinary** 並外れた、非凡な

⑰ **Champs-Élysées** シャンゼリゼ ★➡
p.147「聞き取れたらチェック!」参照。

STEP 3 | 意味のまとまりごとにリピーティングする   🔊 061

意味のまとまりごとにポーズが入っている音声を聞いて、リピーティングの練習をします。
意味を頭に思い浮かべながら、なるべくスクリプトは見ずに、繰り返しリピーティングしましょう。その際、「リピーティングのポイント」を参考にして発話するといいでしょう。

※リピーティングの手順はp. 6

リピーティングのポイント   ※[　]内の数字は、pp. 148～149のスクリプトの行数を示しています。

[01] 2語の間で子音と母音をつなげて発音することはよくあります。冒頭でアンカーが Fans in Buenos Aires と言う箇所では、まず fans の語末の s と次の in がつながり、つづく Buenos Aires も間を置かず「ブュェィナサリィーズ」のように一気に発音しています。

[04] 北米式の発音のため、shootout は「シューラゥ」のように聞こえます。t の音声変化には複数のパターンがありますが、これはラ行音に似た響きに変化するケースです。Get up が「ゲラッ」と言っているように聞こえるのと同じ音声変化です。

[08] 2語の間、あるいは語中で同じ子音が続いた場合、同一の発音を2度せず、1回で済ませることはよくあります。hat trick が良い例です。良く聞いて繰り返し感覚をつかんでおくとよいでしょう。

[12] 国名の Argentina と形容詞の Argentines の発音は、カタカナ読みの「アルゼンチン」に引っ張られないよう注意しましょう。「アージェンティーナ」、「アージェンタイン」です。ちなみに他の南米諸国の形容詞形は、Ecuadorian、Venezuelan、Peruvian のように、どれも -ian で終わります。

EXTRA STEP | オーバーラッピングとシャドーイングでさらなる高みへ   🔊 060

余力があれば、さらに英語力をパワーアップする2つのトレーニング、オーバーラッピングとシャドーイングにも挑戦してみましょう。習熟度に合わせて、ポーズ入り（TRACK 061）、ポーズなし（TRACK 060）を選ぶとよいでしょう。

※オーバーラッピングとシャドーイングの手順はp. 6

LEARNING WITH 📖 ALC⛳

アルクで学ぼう！

ITEM 1 ディズニー初の大人向け英語学習アプリ

ディズニーとピクサーの作品で学べる、
世界で初めての大人向けの英語学習アプリが登場です！

「ディズニー fantaSpeak（ファンタスピーク）」
(iOS / Android) のコンセプトは「続く楽しさ、発見のある毎日」。『美女と野獣』『トイ・ストーリー』などの魅力あふれる作品で総合的に英語学習ができるコーナーや、アメリカのカリフォルニア ディズニーランド・リゾートとフロリダ ウォルト・ディズニー・ワールド・リゾートを舞台にした英会話コ

ーナーなど、オールディズニーのコンテンツを収録しています。

学習履歴カレンダーや学習時間通知設定など、習慣化につながる仕組みも搭載しているので、楽しみながら英語力がアップできます。

それでは、「ディズニー ファンタスピーク」の世界を覗いてみましょう！

「Stories」「US Disney Parks」「Daily Disney」の
3つのコーナーを行き来して、
楽しみながら英語学習を習慣化していきましょう。

主な学習コンテンツ

Stories（ストーリーズ）

ディズニーとピクサーの人気作品の物語に沿って、リスニング、リーディング、語彙、スピーキング（音声認識機能付き）など、さまざまな学習ができます。学習を進めていくと、作品全体を通して聞けるオーディオブックの機能も解放されるので、英語の耳慣らしにも最適です。

　収録作品は、人気のディズニーやピクサーの作品の世界観が魅力的に表現された、アメリカのディズニー本社によるオリジナル英文。そして音声は、本アプリのためにアメリカで録り下ろされた現地のナレーターによる聞きごたえたっぷりの朗読音声です。作品の世界観に浸り、楽しみながら学習できるのも大きな魅力です。

US Disney Parks （US ディズニーパークス）

アメリカのディズニーパーク＆リゾートで使用される会話を想定した英会話の練習ができます。「食事」「買い物」「移動」「ホテル」など海外旅行で欠かせない会話の他、「キャスト」「アトラクション」「ショー」など「ディズニー ファンタスピーク」ならではの英会話シーンを収録。音声認識機能もついているので、お手本の音声をまねてスピーキング練習もできます。

Daily Disney （デイリーディズニー）

ディズニーとピクサーの作品に登場する心に響く言葉（毎日）や、クイズ形式のトリビア（週2回）を配信。勉強する時間がない日は、このコーナーで英語に少し触れるだけでも OK です。

more! おすすめポイント

「習慣カレンダー」のミッキーマークで
続けることが楽しくなる

3つのコーナーを1つでも学習するとミッキーマークに色がつき、3つすべてのコーナーを学習するとさらに華やかな色合いに！　きれいな色味のミッキーマークが並ぶことを楽しみに勉強が続いちゃうかも！？　さらに、学んで取得した交換ポイントを使って、休んでしまった日のミッキーマークに色をつける機能で連続学習日数をキープできます。

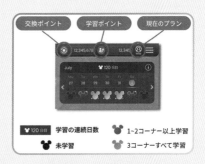

「学習時間設定」で、
通知＆今日の学習を確認できる

「学習時間設定」では、3つのコーナーそれぞれの学習時間を設定できます。設定した学習時間に応じて、Home画面に表示されるコーナーの順番をカスタマイズできる他、「プッシュ通知」をONにすれば、設定した時間にリマインド通知をお届けします。

「音声認識機能」で発音確認もできる

「Stories」や「US Disney Parks」の一部の学習では、「音声認識機能」を使ったスピーキング練習も可能で、スマホのマイクで録音した音声が認識されるかを判定してくれます。お手本の音声を真似て発音練習し、英語の音やリズムを身につけていきましょう。

and more!
今後もコンテンツや機能を続々追加！

「Stories」や「US Disney Parks」のコンテンツ追加はもちろんのこと、学習ポイントを活用してアイテムを獲得していくお楽しみ機能のリリースも予定しています。

「ディズニー ファンタスピーク」に関する最新情報は、公式HPでぜひご確認ください！
https://fantaspeak.me/

©Disney♥™

ITEM 2 TOEIC® ・英単語・リスニング学習に最適な英語学習アプリ

TOEIC®・英単語・
リスニング学習がスマホ1つで

総合英語学習アプリ

booco
[búːko]

英語のインプットとアウトプットを、AIを活用して効率良く学習しよう！

「英語学習アプリ booco」は、英単語や TOEIC® L&R テスト対策、リーディング、スピーキングなど、幅広いトレーニングに対応した総合英語学習アプリ（ダウンロード無料、アプリ内課金あり）です。600冊以上のアルクの語学教材の音声が無料で聞ける[※1]のはもちろんのこと、booco Plus（有料）なら、アプリで本を読んだり音声を聞いたりするだけでなく、クイズを解いて力試しや復習をしたりすることも可能です。

搭載された AI 機能で、過去の学習データを分析し、苦手な問題を出題することができるため、あなたに必要な英語を無駄なく身に付けることができます。では、おススメの機能をご紹介しましょう。

※1　権利関係のため、一部例外あり。

＼ boocoをおススメする５つの理由 ／

その1 リスニング学習にもってこいの機能を装備（無料）

効果的なリスニング学習に役立つ機能を多数搭載しています。指定した秒数での巻き戻しや早送り、再生スピードの調節、また、早い音声での耳慣らし、遅い音声での聞き取れない部分の確認や、AB 2区間の音声再生が可能です。

その2 アプリだからこその学習時間＆目標管理機能（無料）

英語を聞いた毎日の学習時間を見える化しました。時間が増えていくことで確実にリスニング力がアップしていきます。モチベーションの維持に役立ちます。

※学習時間の長期保存、クイズの正答率などの学習実績データ配信は有料の機能となっています。

その3

スキマ時間で英語が身に付くクイズ学習機能（アプリ内課金）

アルクの語学書を基にした、単語やTOEIC対策、リスニングや文法問題などのクイズ※2に取り組めます。

※2 一部、クイズ機能を搭載していない書籍もあります。

その4

「音声を聞きながら本を読む」を実現（アプリ内課金）

電子書籍リーダーと音声プレーヤーが1つになっているので、いつでもどこでも学習を始められます。

その5

AIがあなたに合った復習問題を分析（アプリ内課金）

AIがあなたの学習データを分析し、習熟度に合わせて正解できなかった問題を優先的に再出題します。

いますぐ無料でダウンロード！

「英語学習アプリ booco」のダウンロード、関連情報はこちらからご確認ください！

https://booco.page.link/4zHd

"英語のアルク"が あなたに贈る学習教材

英会話も英文法も、TOEIC®も時事英語も。
英語学習ならアルクにおまかせ。
『ENGLISH JOURNAL BOOK1』
読者におすすめの8冊を、担当編集者がご案内します。

※価格は全て税込みです。

アルク出版サイト
https://book.alc.co.jp/

ALC BOOK 1 ｜ 英語で感動する！　EJから生まれたインタビュー集

『英語で聴く
未来に語り継ぎたい
インタビュー＆
スピーチ ベストセレ
クション』

アルク出版編集部編／
2200円／アルク

「声の月刊誌」として創刊以来、数多くの音声素材を提供してきた『ENGLISH JOURNAL』。本書では21世紀に入ってから収録した約800本のうち、今も傾聴に値するインタビューやスピーチを11本厳選してお届けします。オバマ夫妻による人類の理想を掲げるスピーチ、国際政治学者の世界情勢についてのシビアな予見、科学者から見た世界、日本人への提言、など多様な視点での賢人たちの肉声は、先の見えない現代を生き抜く糧となってくれそう。話し方の特徴や聞きどころなどリスニングガイドも充実。(TK)

ALC BOOK 2 ｜ "3-in-1"センテンス＋頻出フレーズでスコアを爆上げ！

『TOEIC®
L&Rテスト
ボキャブラリー
ブースター』

早川幸治 著／1760円／ア
ルク

「単語が覚えられない」、「覚えても、本番の聞き取りや読解に繋がらない」など、TOEIC対策で尽きない語彙の悩み。本書が一気に解決します。カリスマTOEIC講師が10年以上に渡り書き溜めた語彙データから厳選した、試験に出るそのままの「頻出フレーズ」で必修単語・熟語を押さえ、それらをストーリー仕立ての「3-in-1センテンス」で読解力・リスニング力を鍛えながら覚えられます。語彙力もスコアも一気にブーストできる本書の効果、ぜひ体感してみてください。(NY)

ALC BOOK 3 | 全方位聞こえる耳を装備して、もう1問も落とさない！

『TOEIC® L&Rテスト Part 2 リスニング 解体新書』

勝山庸子 著／1760円／アルク

難化が著しい TOEIC® L&R テストの Part 2「応答問題」。本書では、日韓で発売された公式問題集の Part 2、1000問以上を分析し、「音の引っ掛け」「連想引っ掛け」「捻り応答」など、不正解選択肢に仕掛けられる巧妙な10の「わな」を特定しました。冒頭の診断テストであなたが引っ掛かりやすい「わな」を見つけ、オリジナルのドリルで不足しているスキルを鍛えることで、どんな問題にも対応できるリスニング力を養うことができます。（F／N）

ALC BOOK 4 | TOTAL300万語の生英語ビッグデータから厳選

『上級志向の英単語 Must-Have （マストハブ）300』

株式会社アルク 出版編集部 著／2200円／アルク

『ENGLISH JOURNAL』掲載の生のインタビューやスピーチ、約300万語のビッグデータから、使用頻度の高い英単語300個を厳選し、一冊にまとめました。仕事や日常生活でより高度なアウトプット力が必要になってきた、ネイティブスピーカーと対等に議論を交わしたい etc. のニーズをお持ちの方にお薦めします。すべての英単語は日本語訳、英英定義、例文と共に掲載、音声付きで、読んでも聞いても学べる英単語帳です。伝えたいことがより明確に伝えられる、上級者の英単語力をこの一冊で身に付けましょう！（NG）

ALC BOOK 5 | EJ の人気連載が書籍に！　読んで・聞いて楽しいエッセイ集

『英語で 珠玉のエッセイ』

ケイ・ヘザリ 著／1870円／アルク

『ENGLISH JOURNAL』に2005年から約18年間連載された人気コーナー「Tea Time Talk」が書籍になりました（本書には2017年以降の掲載分から32編を収録）。シンプルかつ洗練された英語、気軽に読めるのに奥深い内容、日本に長く暮らした著者ならではの日米文化比較など、味わいどころ満載です。また、著者本人による朗読音声も、お薦めポイントの1つ。文章と同様にファンの多い自然で聞きやすい朗読は、リスニング学習にも◎で、オーディオブックのような楽しみ方も可能です。（KK）

ALC BOOK 6 ｜ 英語でウクライナ戦争の話をしよう

『英語で読む・聞く・
理解する
ウクライナ戦争』

廣瀬陽子 監修／2200円／
アルク

ウクライナ戦争について、英語で読み、聞き、理解できる
ようになる一冊。ゼレンスキー大統領、セルギー・コルス
ンスキー在日ウクライナ大使ほか、有識者の演説、インタ
ビュー、トーク、そして VOA ニュースなど、100分の豊
富な生音源で学べます。『ENGLISH JOURNAL』の EJ
Interview と同じように、すべての音声に英文スクリプト
と和訳、語注が付いており、理解度を確認するのに便利で
す。ロシアのウクライナ侵攻がもたらした全世界への影響
を、英語を通してよりよく学びましょう。(NG)

ALC BOOK 7 ｜ 仕事がうまく回り出す英語の使い方79

『チームを動かす
IT英語
実践マニュアル』

ラファエル・ヴィアナ 著
／2200円／アルク

グローバル企業の IT プロジェクトにおいて、英語でのコ
ミュニケーションや多文化・リモート環境に苦労している
……そんな悩みを、現役シニアエンジニアとして日々 IT
チームを率いている著者が解決します。本書は、よくある
ビジネス表現集ではなく、IT 現場で頻繁に出会う場面を
乗り切るための「実践マニュアル」です。①場面別の相手
を動かすコツと表現、②話の進め方がわかるリアルな会話
やスピーチ、③重要表現を使って瞬間英作練習、の3ステ
ップであなたの英語力を確実にブラッシュアップ！ (A)

ALC BOOK 8 ｜ DMM 英会話の人気 No. 1 教材を書籍化

『英語ニュースを
読める！語れる！
技術』

DMM英会話 監修／1980
円／アルク

「車を壊してストレス解消！」「1日に何歩歩くと健康にな
れる？」「脳トレアプリで賢くなれる？」など、DMM 英
会話で受講者に多く選ばれた人気の記事25本を厳選。興
味深い話題を扱った英語ニュースを題材に、英文を速く正
確に読み、そのトピックについて自分の意見や経験を英語
で語れるようになるためのコツを学べます。会話に役立つ
表現を数多く紹介しているほか、豊富な語注、リーディン
グスピードの計測、内容の理解度を測るクイズなど、オリ
ジナルにはない学習補助も充実しています。(N)

ITEM 4 オンラインも「ENGLISH JOURNAL」！

ENGLISH JOURNAL ONLINE（EJO）は、
英語のニュースやTOEICの攻略法など、
英語学習者の役に立つウェブメディアです。
『ENGLISH JOURNAL BOOK 1』の読者に
おススメの記事をご紹介します。

ENGLISH JOURNAL ONLINE
https://ej.alc.co.jp/

最新ニュース英語を読む
廣川 亘（「RNN 時事英語辞典」編集長）

海外メディアが報じたニュースから英語表現を学べます。
「核融合」「金利」「認知機能低下」「オゾン層」「ChatGPT」
など、さまざまなジャンルのニュースを取り上げ、関連記
事に頻出の単語・フレーズを解説します。

ウルトラ英会話表現
**カン・アンドリュー・ハシモト（音声・映像コンテンツ
制作者）**

知っている単語からなる表現なのに、意外な意味になる。
a piece of cake、go to the mattress、eat crow、さらには、数
字の6と86と143など、英会話が "爽快 " になる表現を取り
上げ、掘り下げていきます。

使いこなせる！英会話頻出ワード
アン・クレシーニ（言語学者）

アンちゃんこと言語学者のアン・クレシーニさんが、
mean や run などの動詞、country や heart などの名詞とい
った、英語のネイティブスピーカーがよく使うけれど、日
本語では理解しづらい頻出ワードを徹底解説します。

文学＆カルチャー英語
北村紗衣（フェミニズム批評家・シェイクスピア研究者）

英語は、楽しい文学や映画、コメディーなどに触れ、文化
的背景を理解すると習得しやすくなります。自称「不真面
目な批評家」の北村紗衣さんが、映画や音楽、小説に登場
する英語の日常表現や奥深さを紹介します。

ENGLISH JOURNAL BOOK 1

発行日：2023年4月13日（初版）

編集	株式会社アルク出版編集部　EJ BOOK制作チーム
企画・編集協力	大塚智美／市川順子（特集企画）
執筆協力	遠山道子（SPOTLIGHT NEWS解説）
翻訳・編集協力	春日聡子（STEVEN PINKERインタビュー編集・翻訳）／
	挙市玲子（SPOTLIGHT NEWS翻訳）
校正	Peter Branscombe／Margaret Stalker
音楽制作	H. Akashi
ナレーション	Chris Koprowski
AD・本文デザイン	二ノ宮 匡（nixinc）
DTP	株式会社秀文社
印刷・製本	シナノ印刷株式会社
録音・編集	一般財団法人 英語教育協議会（ELEC）／柳原義光（株式会社ルーキー）
発行者	天野智之
発行所	株式会社アルク
	〒102-0073　東京都千代田区九段北 4-2-6 市ヶ谷ビル
	Website: **https://www.alc.co.jp/**

● 落丁本、乱丁本は弊社にてお取り替えいたしております。
　Webお問い合わせフォームにてご連絡ください。
　https://www.alc.co.jp/inquiry/

● ご購入いただいた書籍の最新サポート情報は、
　以下の「製品サポート」ページでご提供いたします。
　製品サポート：https://www.alc.co.jp/usersupport/

地球人ネットワークを創る

アルクのシンボル
「地球人マーク」です。